추천의 글

케이프타운 서약은 2010년 남아프리카 공화국 케이프타운에서 열린 제3차 로잔 대회의 열매로 쓰인 복음주의 선교 헌장이다. 1960-1970년대의 세속화와 인간화의 흐름 속에서 전 세계 복음주의자들이 1974년 스위스 로잔에 모여 세계복음화를 위한 네트워크를 구성하고 발표된 로잔 언약(The Lausanne Covenant)과 1989년 마닐라에서 열린 제2차 로잔 대회에서 발표된 마닐라 선언(The Manila Manifesto)을 계승하면서, 21세기 들어 급변하는 글로벌 환경 속에서 기독교 선교가 당면한 도전과 위기를 극복하기 위한 전략들이 제3차 로잔 대회에 제시되어 수렴된 문서다. 당시 로잔 신학 위원장을 맡은 크리스토퍼 라이트를 중심으로 한 소위원회가 작성한 이 문서들은 신앙과 실천을 하나로 연결하는 시도이며, 세계적으로 일어나는 중요한 이슈들에 대하여 전 세계 그리스도인들이 어떻게 복음 안에서 응답해야 하는지를 상세하게 서술한다.

케이프타운 서약의 장점은 기독교 전통적인 복음주의 신앙고백을 다시 확실하게 세워 주면서 동시에 세상의 여러 문제들에 대하여 어떻게 복음적으로 응답할 것인가를 제시해 주고 있다는 점이다. 1부가 "우리가 사랑하는 주님을 위하여: 케이프타운 신앙고백" 열 개 항목으로 구성되고, 2부가 "우리가 섬기는 세상을 위하여: 케이프타운 행동 요청"으로 구성된 것이 그 때문이다. 케이프타운 서약은 모든 영역에서 신앙적인 실천 사항까지는 제시하지 않지만 선교적 삶의 실천 사항은 분명히 제시한다. 교회 지도자들이 케이프타운의 행동 요청을 세심히 읽고 이에 따라 교회의 중요한 결정을 내린다면 그 교회는 선교적 교회의 걸음을 걷고 있다는 것을 발견할 것이다.

한국로잔위원회 의장으로 섬기면서 로잔 문서, 특히 케이프타운 서약의 내용들을 목회에 적용하려고 노력해 왔다. 당회원들과 함께 케이프타운 서약을 읽어 나가며 적용점을 찾으려고 애쓸 때마다, 한국 교회와 선교가 직면한 많은 시대적 문제들에 대하여 성경적으로 균형 있는 시각을 발견하게 되었다. 2024년 9월, 로잔 운동 희년을 맞이하여 제4차 로잔대회가 아시아 교회와 공동 초청으로 인천 송도 컨벤시아에서 열림으로, 한국 교회가 역사적인 대회를 섬기게 되는 기쁨과 영광을 얻었다. 한국 교회는 '겸손, 정직, 단순성'(Humility, Integrity, Simplicity)이라는 로잔 정신을 실천하며 재발견하여, 한국 사회의 소금과 빛으로 쓰임 받을 수 있어야 할 것이다. 이러한 시기에 한국 교회의 많은 지도자들과 그리스도인들이 케이프타운 서약을 읽음으로써 로잔 운동의 정신과 신학이 한국 교회에 뿌리내리고 복음적 갱신과 선교적 부흥이 일어나기를 기도하며 이 책을 추천한다.

이재훈 목사 온누리교회 담임목사, 한국로잔위원회 의장

케이프타운 서약

IVP(InterVarsity Press)는
캠퍼스와 세상 속의 하나님 나라 운동을 지향하는
IVF(InterVarsity Christian Fellowship)의 출판부로
생각하는 그리스도인을 위한 문서 운동을 실천합니다.

ⓒ 2012 by Lausanne Movement
Originally published in English under the title
The Cape Town Commitment: Study Edition
by Hendrickson Publishers Marketing, LLC., Peabody, Massachusetts, USA.

All rights reserved.

This Korean Edition Copyright
ⓒ 2014 by Korea InterVarsity Press, Seoul, Republic of Korea.
This Korean edition is translated and used
by arrangement of Hendrickson Publishers Marketing, LLC.
through rMaeng2, Seoul, Republic of Korea.

이 한국어판의 저작권은 알맹2 에이전시를 통하여
Hendrickson Publishers Marketing, LLC.와 독점 계약한 IVP에 있습니다.
신 저작권법에 의하여 한국 내에서 보호받는 저작물이므로
무단 전재와 무단 복제를 금합니다.

케이프타운 서약

로잔 운동

차례

머리말 9

서문 13

I부. 우리가 사랑하는 주님을 위하여: 케이프타운 신앙고백

1 | 우리는 하나님이 먼저 우리를 사랑하셨기에 하나님을 사랑한다 21
2 | 우리는 살아 계신 하나님을 사랑한다 25
3 | 우리는 성부 하나님을 사랑한다 29
4 | 우리는 성자 하나님을 사랑한다 32
5 | 우리는 성령 하나님을 사랑한다 36
6 | 우리는 하나님의 말씀을 사랑한다 39
7 | 우리는 하나님의 세상을 사랑한다 43
8 | 우리는 하나님의 복음을 사랑한다 50
9 | 우리는 하나님의 백성을 사랑한다 55
10 | 우리는 하나님의 선교를 사랑한다 59

II부. 우리가 섬기는 세상을 위하여: 케이프타운 행동 요청

서론 67

IIA | 다원주의적이며 세계화된 세상 속에서 그리스도의 진리를 증거하기 68

IIB | 분열되고 깨어진 세상 속에서 그리스도의 평화를 이루기 78

IIC | 타종교인들 속에서 그리스도의 사랑을 실천하기 91

IID | 세계 복음화를 위한 그리스도의 뜻을 분별하기 101

IIE | 그리스도의 교회가 겸손과 정직과 단순성을 회복하기 112

IIF | 선교의 하나됨을 위해 그리스도의 몸 안에서 동역하기 121

결론 129

부록

부록 1: 스터디가이드 135

부록 2: 로잔 언약(1974) 215

부록 3: 마닐라 선언(1989) 230

머리말

2010년 10월 16일부터 25일까지 케이프타운에서 세계 복음화를 위한 제3차 로잔대회가 열렸다. 이 대회에 참여하기 위해 198개국에서 온 4,200여 명의 복음주의 지도자들이 한자리에 모였다. 전 세계에서 온라인으로 참여한 인원을 합하면 대회 규모는 수십만으로 확대된다. 이 대회의 목적은 예수 그리스도와 그분의 모든 가르침을 모든 나라와 사회의 모든 영역과 사상의 세계에 증거하도록 온 세계 교회를 일깨우는 것이었다.

케이프타운 서약은 이러한 노력의 결실이다. 이 서약은 로잔 언약과 마닐라 선언에 기초하며, 그 역사적 연속선상에 있다. 이 서약은 두 부분으로 구성되어 있는데, 제1부는 성경을 통해 우리에게 전해진 성경적 확신들을 제시하며, 제2부는 그에 따른 행동을 요청하는 내용이다.

제1부의 작성은 이렇게 진행되었다. 2009년 12월 미국 미니애폴리스에서 세계의 모든 대륙으로부터 초대된 18명의 복음주의 신학자와 지도자가 모였고, 이들은 그 자리에서 이 서약문의 내용을 처음으로 토론하였다. 그리고 로잔 신학위원회(Lausanne Theology Working Group) 위원장인 크리스토퍼 J. H. 라이트를 중심으로 한 소위원회가 위임을 받아 케이프타운 대회에 제출할 서

약문 최종안을 작성하였다.

제2부의 작성 과정은 이렇다. 대회가 열리기 3년여 전부터 폭넓은 의견 수렴의 과정이 진행되었다. 로잔 운동의 지역 담당 국제 부총무들은 그들이 속한 지역에서 협의회를 구성했고, 지역의 기독교 지도자들에게 교회가 직면하고 있는 주요 문제가 무엇인지 확인해 달라는 요청을 하였다. 이 과정에서 여섯 가지 핵심 이슈가 드러났다. 이 이슈들은 (1) 대회 프로그램의 내용이 되었고, 이후 발표된 (2) 행동 요청 부분의 골격이 되었다. 이러한 경청의 과정은 대회 기간 내내 이루어졌고, 크리스토퍼 라이트와 서약문 작성 소위원회가 이 모든 의견들을 충실하게 담아내려고 노력했다. 그것은 실로 방대한 작업이었고 기념비적인 노력이었다.

이렇게 만들어진 케이프타운 서약은 앞으로 10년간 로잔 운동의 방향을 제시하는 청사진이 될 것이다. 우리의 바람은, 함께 일하고 함께 기도하자고 촉구하는 케이프타운 서약의 예언자적 부름을 들은 모든 교회, 선교단체, 신학교, 일터의 그리스도인들, 그리고 캠퍼스의 학생 단체들이 이 비전을 실천하는 일에 동참하는 것이다.

서약에 제시된 많은 교리적 진술들은 교회가 믿는 바를 확언한 것이다. 그리고 우리는 이것이 선언에 그치지 않도록 믿음과 실천을 연결하고자 했다. 우리는 바울의 모범을 따랐다. 신학적 가르침을 실천적인 교훈으로 구체화한 일례로, 바울은 골로새서에서 그리스도의 탁월성을 심오하고 경이롭게 묘사한 다음 그리스도 안에 뿌리를 내리는 것이 무엇을 의미하는지를 일상적인 수준의 가르침으로 제시한다.

우리는 기독교 복음의 핵심과 주변 이슈들을 구별하고자 한다. 우리가 일치를 이루어야만 하는 주요 진리들이 있고, 진실한 그리스도인들이라도 어떤 부분에서는 성경의 가르침이나 명령에 대해 달리 해석할 수 있는 부분이 있다. 이 부분에서 우리는 로잔의 원리인 "경계 안에서의 포용"(breadth within boundaries)을 적용하고자 하였다. 제1부에서 바로 이런 경계들을 명료하게 규정한다.

이 모든 과정의 각 단계마다 세계복음주의연맹(World Evangelical Alliance)과 협력할 수 있었던 것을 기쁘게 생각한다. 세계복음주의연맹의 지도자들은 "케이프타운 신앙고백"과 "케이프타운 행동요청"의 내용에 전적으로 동의하고 있다.

우리는 로잔 운동에 속하여 복음주의 전통 위에 서서 말하고 글을 쓰고 있지만, 그리스도의 몸은 하나임을 고백한다. 그리고 다른 전통들에도 주 예수 그리스도를 따르는 수많은 이들이 존재함을 인식하며 기뻐한다. 우리는 케이프타운 대회에 참관인으로 방문한 다른 기독교 전통의 역사적 교회를 대표하는 지도자들을 환영하였다. 우리는 케이프타운 서약이 다른 전통에 속한 교회들에게도 유익을 줄 것이라 믿으며 겸허한 마음으로 이 문서를 내놓는다.

케이프타운 서약을 통해 우리가 기대하는 것은 무엇인가? 우리는 사람들이 이것을 전 세계 복음주의자들이 하나가 되어 발표한 소중한 문서로 여기며 이 서약에 대해 대화하고 토론하게 되기를 바란다. 이 서약은 기독교 사역의 의제를 형성하고 공적인 영역에서 일하는 사상가-지도자들의 힘을 복돋아 줄 것이다.

이 서약으로 말미암아 대담한 계획들과 협력 과제들이 생겨날 것이다.

하나님의 말씀이 우리의 길에 빛을 비추시고, 주 예수 그리스도의 은혜와 하나님의 사랑과 성령의 교통하심이 우리 각 사람에게 함께하시기를.

S. 더글라스 버드설
로잔 위원회 의장

린지 브라운
로잔 국제 총무

서문

전 세계에 존재하는 예수 그리스도의 교회의 일원으로서, 우리는 살아 계신 하나님과 주 예수 그리스도를 통한 그분의 구원 계획에 헌신하고 있음을 기쁘게 확언한다. 그분을 위해, 우리는 로잔 운동의 비전과 목표에 대한 우리의 헌신을 새롭게 한다.

이것은 두 가지를 의미한다.

첫째, 우리는 예수 그리스도와 그분의 모든 가르침을 전 세계에 증거하는 과업에 여전히 헌신한다. 제1차 로잔대회(1974)는 세계 복음화라는 과업을 위해 소집되었다. 이 대회가 세계 교회에 남긴 중요한 선물 가운데에는 (1) 로잔 언약, (2) 미전도 종족 집단의 수에 대한 새로운 인식, 그리고 (3) 성경적 복음과 기독교 선교의 통전적 본질에 대한 신선한 발견이 있었다. 마닐라에서 열린 제2차 로잔대회(1989)는, 세계 복음화를 위한 300개 이상의 전략적인 동반자 관계를 탄생시켰는데, 그중 많은 수는 국제적인 수준의 협력 관계였다.

그리고 **둘째**, 우리는 로잔 운동의 주요 문서인 로잔 언약(1974)과 마닐라 선언(1989)에 여전히 헌신한다. 이 문서들은 성경적 복음의 핵심 진리들을 명료하게 표현하고 있으며, 그 진리들을 여전히 적실하고 도전적인 방식으로 우리의 선교 사역에 적용하고 있다. 우리는 이 문서들에서 약속했던 내용을 신실하게 지키지 못했음을 고백한다. 그러나 우리는 이 문서들을 신뢰하고 지지하며, 이 문서들을 통해 우리 세대의 변화하는 세상 속에서 복음의 영원한 진리를 어떻게 표현하고 적용할지를 분별하고자 한다.

변화하는 현실

우리가 살고 생각하고 서로 관계 맺는 방식과 관련된 거의 모든 것이 점점 빠른 속도로 변화하고 있다. 좋건 나쁘건 우리는 세계화와 디지털 혁명, 그리고 경제적·정치적 권력의 균형 변화가 가져오는 충격을 느끼고 있다. 우리가 직면하는 어떤 것들, 즉 전 세계적인 빈곤, 전쟁, 종족 간의 갈등, 질병, 생태 위기, 기후 변화는 슬픔과 불안을 낳고 있다. 그러나 한 가지 기뻐할 만한 커다란 변화가 있는데, 그것은 바로 그리스도의 교회가 전 세계적으로 성장한 것이다.

제3차 로잔대회가 아프리카에서 개최되었다는 사실이 그 증거다. 현재 전 세계 그리스도인들 중 최소한 3분의 2가 지구의 남쪽과 동쪽 대륙에 살고 있다. 케이프타운 대회의 구성에는 1910년 에딘버러 세계선교대회 이후 한 세기 동안 세계 기독교에 일어난 이 거대한 변화가 반영되어 있다. 우리는 아프리카 교회의 놀라운 성장을 기뻐하며, 그리스도 안에 있는 우리 아프리카 형제 자매들이 이 대회를 개최한 것을 기뻐한다. 동시에, 우리는 남아프리카 공화국에서 모이면서 과거 아파르트헤이트(남아프리카 공화국의 인종차별 정책) 아래 겪은 고통의 시간들을 생각하지 않을 수 없었다. 그러므로 우리는 최근의 역사 속에 나타난 복음의 진보와 하나님의 주권적인 의로 인해 감사드리며 한편으로는 계속되는 악과 불의의 유산들과 여전히 씨름한다. 이런 일은 모든 곳에서 교회가 거듭 증거하여야 할 역할이다.

우리는 기독교 선교를 통해 우리 세대의 현실에 대해 응답해야 한다. 우리는 또한 우리가 이전 세대로부터 물려받은 지혜와 오류, 성취와 실패로부터 배워야 한다. 우리는 그 손에 모든 역사를 붙들고 계신 하나님의 이름으로, 과거를 존중하고 애통하며 미래를 대면한다.

불변하는 현실

세상은 점점 빠른 속도로 스스로를 바꾸어 가고 있지만, 그 속에서도 어떤 것들은 동일하게 남아 있다. 이 위대한 진리들이 우리가 선교적 참여에 나서야 하는 성경적인 이유를 제공한다.

- 인간은 상실을 경험한다. 인간의 근본적인 곤경은 성경이 묘사한 대로 남아 있다. 즉, 우리는 모두 죄와 반역 때문에 하나님의 정의로운 심판 아래 있으며 그리스도 없이는 우리에게 아무런 희망이 없다.
- 복음은 좋은 소식이다. 복음은 신선한 생각을 불어넣어야 할 개념이 아니라, 신선한 방식으로 전해져야 할 이야기다. 그것은 하나님이 세상을 구원하시기 위해 무엇을 하셨는지,

특별히 예수 그리스도의 삶과 죽음, 부활과 통치라는 역사적 사건 속에서 무엇을 하셨는지를 들려주는 불변하는 이야기다. 그리스도 안에 소망이 있다.

- **교회의 선교는 계속된다.** 하나님의 선교는 땅끝까지 그리고 세상 끝날까지 계속된다. 이 세상 나라들이 우리 하나님과 그리스도의 나라가 되고, 하나님이 새 창조 속에서 구속받은 인류와 함께 거하실 날이 올 것이다. 그날까지 교회는 기쁜 마음으로 긴박감을 가지고 하나님의 선교에 계속 참여할 것이며, 우리 세대를 포함한 모든 세대 안에서 새롭고 흥분되는 참여의 기회를 맞이할 것이다.

우리의 사랑과 열정

이 선언문은 사랑의 언어라는 틀 안에서 작성되었다. 사랑은 언약의 언어다. 성경의 언약들은, 새 것이든 옛 것이든, 잃어버린 인류와 손상된 창조세계를 향해 펼쳐지는 하나님의 구속하시는 사랑과 은혜의 표현이다. 그 언약들은 그에 대한 보답으로 우리의 사랑을 요청한다. 우리의 사랑은, 언약자이신 주님에 대한 신뢰와 순종과 열정적인 헌신을 통해 그 모습을 드러낸다. 로잔 언약은 복음화를 "온 교회가 온전한 복음을 온 세상에 전하는" 것으로 정의하였다. 그 말은 여전히 우리의 열정을 표현한다. 그러므로 우리는 다음을 다시 확언함으로써 로잔의 언약을 갱신한다.

- **우리는 온전한 복음을 사랑한다.** 이 복음은 그리스도 안에

서, 죄와 악에 의해 황폐화된 창조세계의 모든 차원을 회복하시는 하나님의 영광스러운 좋은 소식이다.
- 우리는 온 교회를 사랑한다. 교회는 그리스도께서 땅 위의 모든 나라와 역사와 시대에 걸쳐 구속하신 하나님의 백성이며, 이 시대에는 하나님의 선교에 참여하고, 다가올 시대에는 하나님을 영원히 영화롭게 할 사람들이다.
- 우리는 온 세상을 사랑한다. 세상은 하나님으로부터 멀어졌으나 하나님은 세상을 가슴에 품으셨다. 하나님은 세상을 구원하시려고 독생자를 주시기까지 세상을 사랑하셨다.

이렇게 세 겹으로 엮인 사랑에 사로잡혀 우리는 온전한 교회가 되는 일에, 온전한 복음을 믿고 순종하고 나누는 일에, 그리고 온 세상으로 나아가 모든 나라를 제자 삼는 일에 우리 자신을 새롭게 헌신한다.

I부

우리가 사랑하는 주님을 위하여
: 케이프타운 신앙고백

1 | 우리는 하나님이 먼저 우리를 사랑하셨기에 하나님을 사랑한다
2 | 우리는 살아 계신 하나님을 사랑한다
3 | 우리는 성부 하나님을 사랑한다
4 | 우리는 성자 하나님을 사랑한다
5 | 우리는 성령 하나님을 사랑한다
6 | 우리는 하나님의 말씀을 사랑한다
7 | 우리는 하나님의 세상을 사랑한다
8 | 우리는 하나님의 복음을 사랑한다
9 | 우리는 하나님의 백성을 사랑한다
10 | 우리는 하나님의 선교를 사랑한다

1   우리는 하나님이 먼저 우리를 사랑하셨기에 하나님을 사랑한다

하나님의 선교는 하나님의 사랑에서 흘러나온다. 하나님 백성의 선교는 하나님을 향한, 그리고 하나님이 사랑하시는 모든 이들을 향한 사랑에서 흘러나온다. 세계 복음화는 하나님의 사랑이 우리를 향해, 그리고 우리를 통해 흘러나온 결과다. 우리는 하나님의 은혜가 우선함을 확언한다. 그 은혜에 우리가 믿음으로 응답하며, 그 응답은 사랑의 순종으로 나타난다. 우리가 사랑하는 것은 하나님이 먼저 우리를 사랑하셨고 우리 죄를 위한 대속물로 아들을 보내셨기 때문이다.[1]

A. 하나님 사랑과 이웃 사랑은 모든 율법과 예언서를 지탱하는 처음이자 가장 위대한 계명이다. 사랑은 율법의 완성이자 성령의 첫 번째 열매다. 사랑은 우리가 거듭난 표지요, 우리가 하나님을 아는 것을 확신하게 하며, 하나님이 우리 안에 거하신다는 증거다. 사랑은 그리스도의 새 계명으로서, 그리스도께서는 제자들에게 오직 이 계명에 순종함으로써만 그들의 선교가 가시화되고 신뢰할 만한 것이 되리라 말씀하셨다. 그리스도인이 서로 사랑하는

---

1) 갈 5:6; 요 14:21; 요일 4:9, 19.

것은, 성육신한 아들을 통해 자신을 드러내신 보이지 않는 하나님이 계속해서 세상에 자신을 드러내시는 방식이다. 사랑은 믿음과 소망과 함께 바울이 새신자들에게 모범을 보이며 당부했던 첫 번째 사항 가운데 하나였다. 그러나 사랑은 그중에서도 가장 위대한데, 그것은 사랑이 영원하기 때문이다.[2]

B. 이 사랑은 결코 연약하거나 감상적이지 않다. 하나님의 사랑은 언약에 신실하고, 헌신적이며, 자기를 내어주고, 희생적이며, 강하고, 거룩하다. 하나님은 사랑이시기에 사랑은 그분의 전 존재와 모든 행위, 그분의 긍휼뿐 아니라 정의에도 스며들어 있다. 하나님의 사랑은 그분의 모든 창조세계를 향한다. 우리는 창조세계의 모든 차원에서 하나님의 사랑을 반영하는 모습으로 사랑하라는 명령을 받았다. 이것이 주님의 길을 따라 걷는다는 말의 의미다.[3]

C. 따라서 사랑의 언어로 우리의 확신과 헌신을 재정의하면서 우리는 다음과 같은 가장 기본적이면서도 어려운 성경의 도전을 받아들인다.
  1. 마음과 영혼과 생각과 힘을 다해 주 우리 하나님을 사랑하라.
  2. 외국인과 원수를 포함해 이웃을 우리 자신처럼 사랑하라.

---

2) 마 22:37-40; 롬 13:8-10; 갈 5:22; 벧전 1:22; 요일 3:14; 4:7-21; 요 13:34-35; 요 1:18과 요일 4:12; 살전 1:3; 고전 13:8, 13.
3) 신 7:7-9; 호 2:19-20; 11:1; 시 103; 145:9, 13, 17; 갈 2:20; 신 10:12-19.

3. 하나님이 그리스도 안에서 우리를 사랑하셨듯이 서로 사랑하라.
4. 독생자를 주시고 그를 통하여 세상을 구원하시는 하나님의 사랑으로 세상을 사랑하라.[4]

D. 이 사랑은 우리 마음에 부어진 하나님의 선물이지만, 또한 우리의 의지적 순종을 요구하시는 하나님의 명령이기도 하다. 이 사랑을 행하는 것은 그리스도를 닮는 것을 의미한다. 즉 인내 가운데 강건하고, 겸손 가운데 온유하며, 굳세게 악에 저항하고, 부드러운 마음으로 고난당하는 자들을 긍휼히 여기며, 용감하게 고난을 받고, 죽음 앞에서조차 신실한 것이다. 그리스도께서는 지상에서 이러한 사랑의 모범을 보이셨고 영광 가운데 부활하신 후 그 사랑의 기준으로 심판하신다.[5]

우리는 이러한 포괄적인 성경적 사랑이 예수님의 제자들을 규정하는 정체성이자 특징이 되어야 함을 확언한다. 예수님의 기도와 명령에 응답하는 가운데 우리의 모습도 그렇게 되기를 염원한다. 하지만 슬프게도 우리는 너무나 자주 그렇지 않음을 고백한다. 따라서 우리는 사랑 – 하나님을 향한 사랑, 서로를 향한 사랑, 그리고 세상을 향한 사랑 – 안에서 걷는다는 것의

---

4) 신 6:4-5; 마 22:37; 레 19:18, 34; 마 5:43-45; 요 15:12; 엡 4:32; 요 3:16-17.
5) 롬 5:5; 고후 5:14; 계 2:4.

의미를 나타내는 방식으로 살고, 생각하고, 말하고, 행동하는 일에 모든 노력을 기울이며, 이 일에 우리 자신을 다시 새롭게 헌신한다.

2 우리는 살아 계신 하나님을 사랑한다

우리가 사랑하는 하나님은 성경을 통해 자신을 유일하시고 영원하시며 살아 계신 하나님으로서 주권적인 뜻에 따라, 그리고 자신의 구원 목적을 위해, 모든 것을 다스리시는 분으로 계시하신다. 성부와 성자와 성령 하나님은 하나이시며 오직 하나님만이 창조주이시요 통치자이시며 심판자이시고 세상의 구원자이시다.[6] 그래서 우리는 하나님을 사랑한다. 창조세계에서의 우리의 위치로 인해 그분께 감사하고, 그분의 주권적인 섭리에 순종하고, 그분의 정의를 신뢰하며, 그분이 우리를 위해 이루신 구원으로 인해 그분을 찬양한다.

A. 우리는 모든 경쟁하는 것들 위에 계시는 하나님을 사랑한다. 우리는 살아 계신 하나님 한 분만을 사랑하고 예배하라는 명령을 받았다. 그러나 우리는 구약의 이스라엘처럼 이 세상의 신들, 우리 주변의 신들을 좇음으로써 하나님을 향한 우리의 사랑이 혼탁해지도록 만들었다.[7] 우리는 하나님보다는 맘몬을 섬기며 탐

---

6) 신 4:35, 39; 시 33:6-9; 렘 10:10-12; 신 10:14; 사 40:22-24; 시 33:10-11, 13-15; 96:10-13; 36:6; 사 45:22.

욕과 권력과 성공 같은 많은 우상들에 현혹되어 혼합주의에 빠졌다. 우리는 성경적으로 비판하지 않은 채 이 세상의 지배적인 정치적·경제적 이데올로기를 받아들이고 있다. 우리는 종교 다원주의의 압력 아래 그리스도의 유일성에 대한 우리의 믿음을 타협하도록 유혹받고 있다. 이스라엘처럼 우리는, 회개하고, 모든 우상을 버리고, 하나님 한 분만 순종하며 사랑하고 예배하는 자리로 돌아가라는 예언자들과 예수님의 부르심에 귀를 기울여야만 한다.

B. 우리는 하나님의 영광에 대한 열정을 품고 그분을 사랑한다. 우리가 선교를 하는 가장 위대한 동기는, 하나님이 자신의 선교를 진행하시는 동기와 동일하다. 즉, 한 분이시며 참되고 살아 계신 하나님이 그분의 창조세계 모든 곳에서 알려지고 영광 받으시는 것이다. 이것이 하나님의 궁극적인 목표이며, 또한 우리의 가장 큰 기쁨이어야 한다. 존 스토트는 다음과 같이 말한다.

> 모든 나라가 예수님께 무릎을 꿇고 모든 혀가 그분을 고백하는 것을 하나님이 원하신다면 우리도 그것을 원해야 한다. 우리는 그분의 이름을 높이기 위해 (성경이 종종 이 단어를 사용하듯이) '질투심'을 내야 한다. 우리는 그분의 이름이 알려지지 않은 채 남아 있을 때 괴로워하며, 그분의 이름이 무시당할 때 상처 입으며, 그분의 이름이 모독을 당할 때 분노해야 한다. 이 질투심은 우리로 하여금 언제나 하나

---

7) 신 4; 6.

님을 경외하고 영화롭게 하길 갈망하며 결심하게 한다. 선교의 동기들 가운데 최상의 동기는 (물론 중요하지만) 지상명령에 대한 순종도 아니고, (하나님의 진노를 생각할 때 특히 더 강해지는) 버림받고 멸망당할 죄인들에 대한 사랑도 아니다. 그것은 오직 예수 그리스도의 영광을 위해 불꽃처럼 타오르는 거룩한 열심(zeal)이다.…이러한 기독교 선교의 궁극적 목표 앞에 모든 무가치한 동기들은 시들고 사라진다.[8]

살아 계신 하나님이 이 세상에서 영광을 받지 못하시는 것은 우리의 가장 큰 슬픔이어야 한다. 살아 계신 하나님은 공격적인 무신론에 의해 거부당하고 있다. 유일하시고 참되신 하나님이 세상 종교들의 관습 속에서 대체되거나 왜곡되고 있다. 우리 주 예수 그리스도는 대중문화 속에서 오용되고 잘못 전해지고 있다. 그리고 성경의 계시 속에 나타난 하나님의 얼굴은 명목상의 기독교와 혼합주의, 그리고 위선 때문에 가리어졌다.

사랑의 하나님은 하나님을 거부하거나 왜곡하는 세상 가운데 계시면서, 우리에게 담대하고도 겸손하게 하나님을 증거할 것을, 하나님의 아들이신 그리스도의 복음의 진리를 부드럽고도 확고하게 변호하기를, 그리고 죄를 깨닫게 하고 진리를 확신케 하는 성령의 사역을 기도하며 신뢰하기를 요청하신다. 우리는 이

---

8) John Stott, *The Message of Romans, The Bible Speaks Today* (Leicester and Downers Grove: IVP, 1994) p. 53. 「로마서 강해」(한국 IVP).

러한 증거의 사역에 헌신한다. 우리가 하나님을 사랑한다고 주장한다면 하나님의 최우선순위에도 함께해야 하기 때문이다. 그것은 바로 그분의 이름과 그분의 말씀이 모든 것 위에 높임을 받으시는 것이다.[9]

---

9) 시 138:2.

3   우리는 성부 하나님을 사랑한다

우리는 하나님의 아들이신 예수 그리스도를 통해, 길이요 진리요 생명이신 오직 그분만을 통해 하나님을 아버지로 알고 사랑하게 된다. 성령께서 우리가 하나님의 자녀임을 우리의 영과 더불어 증거하므로, 우리는 예수님이 기도하신 대로 "아바 아버지"라는 말로 부르짖으며, 예수님이 가르치신 대로 "우리 아버지"라는 기도로 기도한다. 우리는 예수님을 사랑하고(이 사랑은 계명을 순종함으로써 증명된다) 아버지는 그런 우리를 사랑하시어 아들과 함께 우리 안에 거하시면서 사랑을 주고받으신다.[10] 이러한 친밀한 관계에는 깊은 성경적 근거가 있다.

A. 우리는 자기 백성의 아버지이신 하나님을 사랑한다. 구약의 이스라엘은 하나님을 아버지로, 곧 그들을 존재하게 하시고, 그들을 인도하고 훈련시키시며, 그들에게 순종을 요구하시고, 그들의 사랑을 갈망하시며, 긍휼 가득한 용서와 참고 인내하는 사랑을 베푸신 분으로 알고 있다.[11] 이 모든 것은 아버지 하나님과 관계 맺은, 그리스도 안에서 하나님의 백성 된 우리에게도 여전히 해당된다.

---

10) 요 14:6; 롬 8:14-15; 마 6:9; 요 14:21-23.

B. 우리는 우리의 구원을 위해 독생자를 주시기까지 세상을 사랑하신 아버지 하나님을 사랑한다. 우리를 하나님의 자녀로 부르신 하나님 아버지의 사랑이 얼마나 크고 놀라운지! 독생자를 아끼지 않고 우리 모두를 위해 내어주신 아버지의 사랑을 어찌 다 측량할 수 있겠는가! 아들을 주신 아버지의 이 사랑은 자신을 내어주신 아들의 사랑으로 나타났다. 아버지와 아들이 영원하신 성령을 통해 십자가에서 성취하신 속죄 사역에서는 하나님의 의지가 서로 완전한 조화를 이루었다. 아버지는 세상을 사랑하셔서 자신의 아들을 주셨다. "하나님의 아들이 나를 사랑하셨고 나를 위해 자신을 내어주셨다." 예수님 자신에 의해 확증된 아버지와 아들의 하나됨은 바울 서신에서 가장 자주 반복되는 문안 인사에 반영되어 있다. "우리의 죄를 위해 자신을 내어주신 주 예수 그리스도와 우리 아버지 하나님으로부터 은혜와 평강이 넘치기를…우리 하나님 아버지의 뜻을 따라 영광이 그에게 영원토록 있을지어다. 아멘."[12]

C. 우리는 아버지 하나님을 사랑하며 그분의 성품을 닮고 그분의 돌봄을 신뢰한다. 예수님은 산상설교에서 하늘에 계신 아버지께서 우리 행동의 모범 혹은 중심이셔야 한다고 반복하여 말씀하신다. 우리는 하나님의 자녀로서 화평케 하는 자가 되어야 한다.

---

11) 신 32:6, 18; 1:31; 8:5; 사 1:2; 말 1:6; 렘 3:4, 19; 31:9; 호 11:2; 시 103:13; 사 63:16; 64:8-9.
12) 요 3:16; 요일 3:1; 롬 8:32; 히 9:14; 갈 2:20; 1:4-5.

우리는 선을 행하여 아버지께서 찬양을 받으시도록 해야 한다. 우리는 하나님 아버지의 자비로운 사랑을 본받아 원수를 사랑해야 한다. 우리는 오직 아버지께만 보이기 위해 구제와 기도와 금식을 해야 한다. 아버지께서 우리를 용서하시듯 우리도 다른 이들을 용서해야 한다. 우리는 근심하지 말고 아버지의 공급하심을 신뢰해야 한다. 그리스도인의 성품에서 흘러나오는 이러한 행위들을 통해 우리는 하나님의 통치 안에서 하늘에 계신 우리 아버지의 뜻을 이룬다.[13]

우리는 하나님이 아버지이시라는 진리를 종종 무시해 왔고 그분과의 관계의 풍성함을 잃어버렸던 것을 고백한다. 우리는 아들이신 그리스도를 통해 아버지께 새로운 마음으로 나아간다. 곧, 아버지의 사랑을 받고 응답하며, 아버지의 훈계에 순종하며 살아가고, 모든 행위와 태도에서 아버지의 성품을 반영하고, 우리를 인도하시는 환경이 어떠하든 아버지의 공급하심을 신뢰할 것이다.

---

13) 마 5:9, 16, 43-48; 6:4, 6, 14-15, 18, 25-32; 7:21-23.

4 우리는 성자 하나님을 사랑한다

하나님은 이스라엘에게 전적인 충성으로 주 하나님을 사랑하라고 명령하셨다. 마찬가지로 우리가 주 예수 그리스도를 사랑하는 것은 그분만이 구원자이시고 주님이시며 하나님이심을 확고히 단언한다는 것을 의미한다. 성경은 예수님이 하나님과 동등한 주권적 사역을 수행하신다고 가르친다. 그리스도는 만물의 창조주이시요 역사의 통치자이시며 열방의 심판자이시요 하나님께 돌아오는 모든 이들의 구원자이시다.[14] 그분은 아버지와 아들과 성령의 거룩한 동등함과 하나됨 안에서 하나님의 정체성을 공유하신다. 하나님이 이스라엘을 언약적 신앙으로, 순종으로, 그리고 섬김을 통한 증거로써 그분을 사랑하라고 부르셨듯이, 우리는 예수 그리스도를 신뢰하고 순종하며 전파함으로써 그분을 향한 우리의 사랑을 확증한다.

A. 우리는 그리스도를 신뢰한다. 우리는 나사렛 예수가 메시아이

---

14) 요 1:3; 고전 8:4-6; 히 1:2; 골 1:15-17; 시 110:1; 막 14:61-64; 엡 1:20-23; 계 1:5; 3:14; 5:9-10; 롬 2:16; 살후 1:5-10; 고후 5:10; 롬 14:9-12; 마 1:21; 눅 2:30; 행4:12; 15:11; 롬 10:9; 딛 2:13; 히 2:10; 5:9; 7:25; 계 7:10.

시며, 구약 이스라엘의 고유한 사명을 성취하기 위해 하나님이 지명하여 보내신 분이라는 복음서의 증거를 믿는다. 그 사명은 하나님이 아브라함에게 약속하셨듯이 하나님의 구원이라는 복을 열방에 가져오는 것이다.

1. 성령으로 잉태되어 동정녀 마리아에게서 나신 예수님 안에서, 하나님은 우리 인간의 육신을 취하셔서 온전한 신으로, 그리고 온전한 인간으로 우리 가운데 사셨다.
2. 예수님은 일생 동안 하나님에 대한 완전한 신실함과 순종으로 사셨다. 그분은 하나님 나라를 선포하고 가르치셨으며, 그분의 제자들이 하나님의 통치 아래서 어떻게 살아가야 하는지를 몸소 보여 주셨다.
3. 예수님은 그분의 사역과 기적을 통해 악과 악의 권세에 대한 하나님 나라의 승리를 선포하시고 증거하셨다.
4. 예수님은 십자가의 죽음을 통해 우리를 대신해 우리의 죄를 지셨고, 죄의 완전한 대가, 형벌, 수치를 감당하셨으며, 죽음과 악의 권세를 물리치셨고, 모든 피조물의 화해와 구속을 성취하셨다.
5. 예수님은 몸의 부활을 통해 하나님으로부터 의로움을 입증받고 높임 받으셨으며, 십자가의 완전한 승리를 성취하시고 드러내셨으며, 구속받은 인류의 첫 열매가 되셨고, 창조세계를 회복시키셨다.
6. 예수님은 승천하셔서 주(主)로서 모든 역사와 만물을 다스리고 계신다.
7. 예수님은 다시 오셔서 하나님의 심판을 실행하시고 사탄과

악과 죽음을 궤멸하시며 하나님의 우주적 통치를 완성하실 것이다.

B. 우리는 그리스도께 복종한다. 예수님은 우리를 제자로 부르신다. 이는 자기 십자가를 지고 자기 부인과 섬김과 순종의 길을 걷는 것이다. 예수님은 이렇게 말씀하셨다. "만일 너희가 나를 사랑한다면 내 계명을 지키라." "너희는 나를 불러 주여 주여 하면서도 어찌하여 내가 말하는 것을 행하지 아니하느냐?" 우리는 그리스도께서 사셨던 것처럼 살고 그리스도께서 사랑하셨던 것처럼 사랑하도록 부름받았다. 그리스도를 고백하되 그분의 계명을 무시하는 것은 위험하고도 어리석은 행위다. 예수님은 우리에게, 그분의 이름으로 놀랍고 기적적인 사역을 행하는 많은 사람들이 불법을 행하는 자이며 그분께 속하지 않은 것이 드러나리라고 경고하신다.[15] 우리 중 누구도 이런 두려운 결과를 무시할 수 없기에 우리는 그리스도의 경고에 귀를 기울인다.

C. 우리는 그리스도를 선포한다. 하나님은 오직 그리스도 안에서 온전히 그리고 궁극적으로 자신을 계시하셨으며, 오직 그리스도를 통해 세상의 구원을 성취하셨다. 그러므로 우리는 제자로서 나사렛 예수의 발 아래 무릎 꿇고 "주는 그리스도시요 살아 계신 하나님의 아들"이라고 한 베드로와 "나의 주시며 나의 하나님"이라고 한 도마의 신앙을 동일하게 고백한다. 비록 우리는 그분을

---

15) 눅 6:46; 요일 2:3-6; 마 7:21-23.

본 적이 없지만 그분을 사랑한다. 그리고 우리는 그분을 있는 그대로 보게 될 날, 곧 그분이 다시 오실 날을 열망하며 소망 가운데 즐거워한다. 그날이 올 때까지 우리는 베드로와 요한과 함께 "다른 이로써는 구원을 받을 수 없나니 천하 사람 중에 구원을 받을 만한 다른 이름을 우리에게 주신 일이 없음이라"라고 선포한다.[16]

우리는 예수 그리스도와 그분의 모든 가르침을 온 세상에 증거하는 데 새롭게 헌신한다. 이 증거는 우리 자신이 그분의 가르침에 순종하며 살 때에만 가능한 일이다.

---

16) 마 16:16; 요 20:28; 벧전 1:8; 요일 3:1-3; 행 4:12.

5 우리는 성령 하나님을 사랑한다

우리는 성령을 사랑한다. 성령은 삼위일체의 하나됨 안에서 성부 하나님, 성자 하나님과 함께 계신다. 성령은 선교적인 하나님과 선교적인 아들에 의해 보냄받은 선교의 영이시며, 하나님의 선교적 교회에 생명과 능력을 불어넣으신다. 우리는 성령의 임재를 사모하고 이를 위해 기도한다. 그리스도에 대한 성령의 증거가 없는 한 우리 자신의 증거는 헛되기 때문이다. 죄를 깨닫게 하는 성령의 사역이 없으면 우리의 설교는 헛되다. 성령의 은사, 인도, 능력이 없으면 우리의 선교는 단지 인간적인 노력일 뿐이다. 성령의 열매가 없으면 우리의 매력 없는 삶은 복음의 아름다움을 반영할 수 없다.

A. 우리는 구약성경에서 하나님의 영이 창조와 해방과 정의의 사역을 행하시며, 여러 가지 섬김을 실행하도록 사람들을 충만하게 하시고 능력을 주시는 것을 본다. 성령으로 충만한 예언자들은, 하나님의 영으로 그 인격과 사역에 기름부음 받으실, 장차 오실 왕이며 종인 분을 고대했다. 예언자들은 또한 다가올 시대, 곧 하나님의 영의 부으심, 새로운 삶, 새로운 순종이 나타나며 하나님의 모든 백성에게 예언의 은사가 주어질 시대를 고대했다.[17]

B. 오순절에 하나님은 예언자들과 예수님을 통해 약속하신 대로 그분의 성령을 부어 주셨다. 거룩하게 하시는 성령은 신자들의 삶에 열매를 맺게 하시는데, 그 첫 열매는 언제나 사랑이다. 성령은 그분의 은사들로 교회를 충만케 하시며 우리는 기독교적 봉사를 위한 필수 도구인 그 은사들을 간절히 염원한다. 성령은 우리에게 선교와 많은 다양한 섬김의 사역들을 위한 능력을 주신다. 성령은 우리에게, 복음을 선포하고 제시하며 진리를 분별하고 효과적으로 기도하며 어둠의 세력들을 이길 능력을 주신다. 성령은 우리의 예배에 영감을 주시고 함께하신다. 또한 성령은 그리스도를 증거하기 위해 박해를 받거나 시련을 당하는 제자들을 굳건하게 하시고 위로하신다.[18]

C. 따라서 우리의 선교 사역은 성령의 **임재**와 **인도**와 **능력**이 없이는 의미도 없고 열매도 없다. 이것은 선교의 모든 차원, 곧 복음 전도, 진리 증거, 제자 훈련, 화평케 함, 사회 참여, 윤리적 변혁, 창조세계를 돌봄, 악한 세력을 물리침, 악한 영의 축출, 병든 자의 치유, 박해 아래 겪는 고난과 인내에 모두 해당된다. 우리가 그리스도의 이름으로 행하는 모든 것은 성령의 인도하심과 능력

---

17) 창 1:1-2; 시 104:27-30; 욥 33:4; 출 35:30-36:1; 삿 3:10; 6:34; 13:25; 민 11:16-17, 29; 사 63:11-14; 벧후 1:20-21; 미 3:8; 느 9:20, 30; 슥 7:7-12; 사 11:1-5; 42:1-7; 61:1-3; 32:15-18; 겔 36:25-27; 37:1-14; 욜 2:28-32.
18) 행 2; 갈 5:22-23; 벧전 1:2; 엡 4:3-6; 11-12; 롬 12:3-8; 고전 12:4-11; 14:1; 요 20:21-22; 14:16-17, 25-26; 16:12-15; 롬 8:26-27; 엡 6:10-18; 요 4:23-24; 고전 12:3; 14:13-17; 마 10:17-20; 눅 21:15.

을 받아야만 한다. 신약성경은 초대교회의 삶과 사도들의 가르침을 통해 이를 분명하게 보여 준다. 이러한 원리는 오늘날 예수님을 따르는 사람들이 성령의 능력을 의지하고 기대하는 가운데 확신 있게 행동하는 곳에서 교회들이 열매 맺고 성장함으로써 드러나고 있다.

성령의 인격과 사역, 그리고 능력이 없다면 참된 복음이나 온전한 복음, 그리고 진정한 성경적 선교도 없다. 우리는 이러한 성경적 진리에 대한 더 큰 각성이 일어나기를, 그리고 그리스도의 몸에 속한 전 세계의 모든 지체들 안에서 그 경험이 실재화되기를 기도한다. 그러나 우리는 성령의 이름을 가장하는 수많은 오용들이 있음을 인식하며, 많은 사역에서 신약성경이 분명히 가르치는 성령의 은사가 아닌 여러 가지 일들이 실행되고 찬양받고 있음을 인식한다. 더욱 신중한 분별과, 기만에 대한 분명한 경고와, 불경건한 축재를 위해 영적 능력을 오용하며 자기를 섬기도록 남을 속이고 조작하는 자들에 대한 폭로가 절실히 필요하다. 무엇보다 겸손한 기도로 준비된 성경적 가르침과 설교가 절실히 요청된다. 이를 통하여 일반 신자들은 참된 복음을 이해하고 기뻐하며 거짓된 복음을 식별하고 거부할 수 있도록 구비될 것이다.

6 우리는 하나님의 말씀을 사랑한다

우리는 신구약성경에 담긴 하나님의 말씀을 사랑한다. "내가 주의 계명들을 금 곧 순금보다 더 사랑하나이다.…내가 주의 법을 어찌 그리 사랑하는지요"라는 율법을 향한 시편 기자의 기쁨과 즐거움에 화답한다. 우리는 성경 전체를, 인간 저자들이 하나님의 영에 의해 영감을 받아 말하고 쓴 하나님의 말씀으로 받아들인다. 우리는 성경을 우리의 믿음과 행위를 주관하는 최고의 유일한 권위로 인정하며 복종한다. 우리는 하나님 말씀의 능력이 그분의 구원 목적을 성취함을 고백한다. 우리는 성경이 최종적인 기록된 하나님의 말씀이므로 그것을 능가하는 어떤 계시가 장래에 있지 않음을 확언한다. 그러나 우리는 또한 성령께서 하나님 백성의 마음을 조명하셔서 성경이 모든 문화권의 사람들에게 신선한 방식으로 하나님의 진리를 계속해서 말씀하게 하시는 것을 기뻐한다.[19]

A. 성경이 계시하는 인물. 우리는 신부가 신랑의 편지를 사랑하듯 성경을 사랑하되, 종이로 된 편지 자체가 아닌 편지를 통해 말

---

19) 시 119:127, 97; 딤후 3:16-17; 벧후 1:21.

씀하시는 분 때문에 그것을 사랑한다. 성경은 우리에게 하나님의 정체성과 성품, 목적과 행위에 대한 하나님 자신의 계시를 전해 준다. 성경은 주 예수 그리스도에 대한 가장 중요한 증언 자료다. 우리는 성경을 읽으며 그분의 영을 통해 커다란 기쁨으로 예수님을 만난다. 성경을 향한 우리의 사랑은 하나님을 향한 우리 사랑의 표현이다.

B. **성경이 들려주는 이야기.** 성경은 창조, 타락, 역사 속에서의 구속, 그리고 새 창조에 대한 우주적 이야기를 들려준다. 이 포괄적인 이야기는 우리에게 일관된 성경적 세계관을 제공하며 우리의 신학을 형성한다. 이 이야기의 중심에는 복음의 핵심을 이루는 그리스도의 십자가와 부활이라는 정점이 되는 구원 사건이 있다. (신구약성경에 나오는) 바로 이 이야기가 우리가 누구이며, 무엇을 위해 존재하며, 어디로 가고 있는지를 말해 준다. 이 하나님의 선교 이야기는 우리의 정체성을 규정하고, 우리의 선교를 주도하며, 그 결말이 하나님의 손에 달려 있음을 확신하게 한다. 이 이야기는 대대로 전수되면서 하나님 백성의 기억과 소망을 형성해야 하고, 그들의 복음 증거 내용을 지배해야 한다. 성경의 메시지는 땅 위의 모든 사람을 위한 것이므로 우리는 모든 수단을 동원하여 성경을 알려야 한다. 따라서 우리는 문자가 없거나 구술 문화가 지배적인 지역을 포함해 모든 문화와 언어에서 성경을 번역하고 반포하며 가르치는 과업에 다시 한 번 헌신한다.

C. **성경이 가르치는 진리.** 성경 전체는 하나님이 품으신 모든 의

도, 곧 하나님이 우리에게 알리고자 하시는 진리를 가르쳐 준다. 성경은 거짓과 실수가 없으신 하나님의 말씀이기 때문에, 우리는 성경이 확인하는 모든 것이 참되고 신실함을 믿고 성경 말씀에 복종한다. 성경은 구원의 길을 분명하고도 충분하게 계시한다. 성경은 하나님의 진리가 지닌 모든 차원을 탐구하고 이해하는 기초가 된다.

그러나 우리는 거짓이 가득하고 진리가 거부당하는 세상에서 살고 있다. 절대적 진리란 존재하지 않으며 알려질 수도 없다고 주장하는 상대주의가 수많은 문화를 지배하고 있다. 우리가 성경을 사랑한다면, 성경의 진리 주장을 수호하기 위해 일어나야 한다. 모든 문화 속에서 성경의 권위를 분명하게 제시하는 새로운 방법을 찾아야 한다. 우리는 하나님의 말씀에 대한 사랑 때문에 하나님의 계시의 진리를 수호하는 데 다시 한 번 헌신한다.

D. **성경이 요구하는 삶.** "말씀이 네 입에 있으며 네 마음에 있은 즉 네가 이를 행힐 수 있느니라." 예수님과 야고보는 단지 말씀을 듣기만 하지 말고 행하는 자가 되라고 요구하신다.[20] 성경은 신자들과 신자 공동체의 특징이 되어야 할 삶의 방식을 그려 준다. 우리는 아브라함, 모세, 시편 기자들, 예언자들과 이스라엘의 지혜자들을 통하여, 또한 예수님과 사도들로부터 그러한 성경적 삶의 방식이 정의, 긍휼, 겸손, 정직, 진실함, 순결, 관대함, 친절, 자기부인, 환대, 화평케 함, 보복하지 않음, 선행, 용서, 기쁨, 자족과 사랑

---

20) 신 30:14; 마 7:21-27; 눅 6:46; 약 1:22-24.

등을 포함한다는 것을 배운다. 이 모든 것은 하나님을 향한 신실함과 예배와 찬양의 삶 속에 결합되어 있다.

우리는 성경이 가르치는 삶, 곧 그리스도를 힘입어 하나님께 순종하기 위해 값비싼 대가를 치르는 삶을 사랑하지 않으면서도 성경을 사랑한다고 너무나 쉽게 말해 왔음을 고백한다. 그러나 "변화된 삶보다 복음을 설득력 있게 전하는 것은 아무것도 없으며, 삶이 복음과 불일치하는 것만큼 복음을 비난받게 만드는 것도 없다. 우리는 그리스도의 복음에 합당하게 행동하고, 거룩한 삶으로써 복음의 아름다움을 선양하며 복음을 '빛나게' 해야 한다."[21] 따라서 우리는 그리스도의 복음을 위해, 하나님의 말씀을 믿고 순종함으로써 하나님의 말씀에 대한 우리의 사랑을 증명하는 일에 다시 한 번 헌신한다. 성경적 삶이 없다면 성경적 선교도 없다.

---

21) 마닐라 선언 7장; 딛 2:9-10.

7   우리는 하나님의 세상을 사랑한다

우리는 세상을 향한 하나님의 열정을 공유한다. 하나님이 만드신 모든 것을 사랑하고, 창조세계 전반에 나타나는 그분의 섭리와 정의를 즐거워하며, 모든 피조물과 모든 나라들을 향해 기쁜 소식을 선포하고, 물이 바다를 덮음같이 하나님의 영광을 아는 지식이 온 땅에 가득 찰 그날을 고대한다.[22]

A. 우리는 하나님의 창조세계를 사랑한다. 이 사랑은 (성경 어디에서도 명령하지 않은) 자연에 대한 단순한 감상적인 애정도 아니요 (성경이 분명히 금하고 있는) 자연에 대한 범신론적 예배는 더더욱 아니다. 오히려 이것은 하나님께 속한 것들을 돌보는 일이며 하나님을 향한 우리 사랑의 당연한 귀결이다. "땅과 그 안에 가득찬 것이 모두 다 주님의 것이다." 이 땅은 우리가 사랑하고 복종한다고 말하는 하나님의 소유물이다. 간단히 말하면, 이 땅이 우리가 주님이라 부르는 그분께 속해 있기 때문에 우리는 이 땅을 돌본다.[23]

---

22) 시 145:9, 13, 17; 104:27-30; 50:6; 막 16:15; 골 1:23; 마 28:17-20; 합 2:14.
23) 시 24:1; 신 10:14.

이 땅은 그리스도에 의해 창조되고 유지되고 구속된다.[24] 우리는 창조와 구속과 상속의 권리에 의해 그리스도께 속한 것들을 남용하면서 하나님을 사랑한다고 주장할 수 없다. 우리는 이 땅을 돌보고 그 풍부한 자원들을 책임 있게 사용하되, 세속세계가 제시하는 이유 때문이 아니라 주님을 위하여 그렇게 해야 한다. 예수님이 온 세상의 주(主)시라면, 우리는 그리스도와 우리의 관계를 우리가 이 땅과의 관계에서 행하는 방식과 분리시킬 수 없다. 그리스도의 주되심은 모든 창조세계를 포함하므로 "예수는 주시다"라는 복음 선포에는 이 땅도 포함된다. 그렇기 때문에 창조세계를 돌보는 일은 그리스도의 주되심과 관련된, 복음 실천의 문제다.

창조세계에 대한 그러한 사랑은 우리가 지구의 자원들을 파괴하고 낭비하며 오염시키는 데 참여한 것, 그리고 소비주의라는 유독한 우상숭배를 묵인한 것에 대한 회개를 요구한다. 따라서 우리는 생태계를 돌보는 긴급하고도 예언자적인 책임에 헌신한다. 우리는 책임 있게 다스리고 관리함으로써 인간의 복지와 필요를 제공하라는 명령을 거룩하게 성취하는 그리스도인들뿐 아니라, 환경 운동과 그를 위한 행동에 특별한 선교적 부르심을 받은 그리스도인들을 지지한다. 성경은 창조세계 자체에 대한 하나님의 구속 계획을 선포한다. 총체적인 선교란, 복음이 예수 그리스도의 십자가와 부활을 통해 성취된 하나님의 구원의 좋은 소식이며, 그 구원은 개인과 사회와 창조세계를 위한 것이라는 성경적

---

24) 골 1:15-20; 히 1:2-3.

진리를 분별하고 선포하고 살아내는 것이다. 개인과 사회와 창조 세계는 모두 죄로 인해 깨어지고 고통당하고 있으며, 또한 하나님의 구속적 사랑과 선교에 포함되므로, 이 셋은 모두 하나님 백성의 포괄적인 선교의 대상이 되어야만 한다.

B. 우리는 여러 나라와 문화가 공존하는 이 세계를 사랑한다. 하나님은 "인류의 모든 족속을 한 혈통으로 만드사 온 땅에 살게" 하셨다. 인종의 다양함은 창조세계에 대한 하나님의 선물이며, 이것은 우리의 타락한 모습인 분열과 대립이 사라질 새 창조 때에도 보전될 것이다. 모든 민족을 향한 우리의 사랑은 땅 위의 모든 나라들에게 복을 베푸신다는 하나님의 약속과, 자신을 위해 모든 족속과 언어와 나라와 민족을 모아 한 백성을 창조하시는 하나님의 선교를 반영한다. 우리는 하나님이 복 주시기 위해 선택하신 모든 것을 사랑해야 하며, 여기에는 모든 문화도 포함된다. 역사적으로 기독교 선교는 때로 문화를 파괴하는 심각한 실수를 범했지만, 대체로 도착문화와 언어를 보호하고 보전하는 데 중요한 역할을 했다. 그러나 거룩한 사랑은 비판적인 분별을 포함한다. 모든 문화는 인간의 삶에서 드러나는 하나님 형상의 긍정적인 증거뿐 아니라 사탄과 죄의 부정적인 자취도 보여 주기 때문이다. 우리는 복음이 모든 문화 속에 육화되고 스며들어 모든 문화를 안으로부터 구속하며, 그 문화들이 하나님의 영광과 그리스도의 충만함을 빛나게 하는 것을 보길 원한다. 우리는 모든 문화의 풍성함과 영광과 웅장함이 하나님의 도성으로 옮겨지기를, 그리하여 구속받고 모든 죄로부터 정화되어 새로운 창조세계를 풍

요롭게 하기를 고대한다.[25]

　모든 민족을 향한 이러한 사랑은 우리가 인종주의와 자민족 중심주의라는 악을 거부하고 창조와 구속 안에 나타난 그들의 가치에 근거하여 모든 종족과 문화를 존중하고 존경할 것을 요구한다.[26]

　이러한 사랑은 또한 우리가 모든 민족과 문화를 향해 복음을 알릴 것을 요구한다. 유대인이건 이방인이건 어떤 민족도 지상명령의 대상에서 제외되지 않는다. 복음 전도는 하나님을 아직 알지 못하는 사람들을 향한 하나님의 사랑이 마음에 가득하여 흘러 넘치는 일이다. 우리는 예수 그리스도 안에 있는 하나님의 사랑의 메시지를 전혀 듣지 못한 사람들이 이 세상에 여전히 매우 많다는 것을 부끄러운 마음으로 고백한다. 우리는 모든 민족에게 복음을 전하기 위해 모든 가능한 수단을 동원하고자 했던 로잔 운동의 처음 목적에 다시 새롭게 헌신한다.

C. 우리는 이 세상의 가난한 자들과 고통받는 자들을 사랑한다. 성경은 주님이 자신이 만드신 모든 것을 아끼셔서, 억압받는 자들을 붙드시고, 나그네들을 사랑하시며, 굶주린 자들을 먹이시고, 고아와 과부들을 돌보신다고 말한다.[27] 또한 성경은 하나님이 그러한 일에 헌신한 사람들을 통해 그것을 하고자 하심을 보여 준

---

25) 행 17:26; 신 32:8; 창 10:31-32; 12:3; 계 7:9-10; 21:24-27.
26) 행 10:35; 14:17; 17:27.
27) 시 145:9, 13, 17; 147:7-9; 신 10:17-18.

다. 무엇보다 하나님은 이 사회에서 정치적 또는 법적 리더십이 주어진 이들에게 그러한 책임을 부여하신다.[28] 그러나 율법과 예언서, 시편과 지혜서, 예수님과 바울, 야고보와 요한이 증거한 대로, 하나님의 모든 백성은 가난한 자들을 위해 실제적인 사랑과 정의를 행함으로써 하나님의 사랑과 정의를 드러내라는 명령을 받았다.[29]

가난한 자들에 대한 이러한 사랑은, 우리가 자비와 긍휼의 행위를 사랑할 뿐 아니라, 가난한 자들을 억압하고 착취하는 모든 것을 폭로하고 반대하는 행위를 통해 정의를 실천할 것을 요구한다. "우리는 악과 불의가 있는 곳 어디에서든지 이것을 고발하는 일을 두려워해서는 안 된다."[30] 이 문제에 관해 우리는 하나님의 열정을 공유하고, 하나님의 사랑을 구현하며, 하나님의 성품을 반영하고, 하나님의 뜻을 행하는 데 실패했음을 부끄러운 마음으로 고백한다. 우리는 소외되고 억압받는 자들과 연대하고 그들을 지지하는 행위를 포함하여 정의를 증진하는 일에 새롭게 헌신한다. 우리는 악에 대한 이러한 투쟁을 영적 전쟁의 차원으로 인식한다. 십자가와 부활의 승리를 통해서, 성경의 능력 안에서, 지속

---

28) 창 18:19; 출 23:6-9; 신 16:18-20; 욥 29:7-17; 시 72:4, 12-14; 82; 잠 31:4-9; 렘 22:1-3; 단 4:27.
29) 출 22:21-27; 레 19:33-34; 신 10:18-19; 15:7-11; 사 1:16-17; 58:6-9; 암 5:11-15, 21-24; 시 112; 욥 31:13-23; 잠 14:31; 19:17; 29:7; 마 25:31-46; 눅 14:12-14; 갈 2:10; 고후 8-9; 롬 15:25-27; 딤전 6:17-19; 약 1:27; 2:14-17; 요일 3:16-18.
30) 로잔 언약, 5장.

적인 기도로써만 싸울 수 있는 싸움이다.

D. 우리는 이웃을 내 몸과 같이 사랑한다. 예수님은 이 계명을 율법의 두 번째 큰 계명으로 여기고 복종하도록 제자들에게 명하시고는, (같은 장에서) "거류민을 자기같이 사랑하라"는 말씀을 "너희 원수를 사랑하라"는 요구로 급진적으로 심화시키셨다.[31]

이웃을 향한 이러한 사랑은 우리에게 그리스도의 명령에 복종하고 그리스도의 본을 따르는 가운데 복음의 심장으로 모든 사람을 대하라고 요구한다. 이러한 이웃 사랑은 다른 신앙을 가진 사람들도 포함하며, 우리를 미워하고 비방하며 박해하고 심지어 죽이려고 하는 사람들에게까지 확대된다. 예수님은 악의 사슬을 끊고 그분께로 사람들을 이끌기 위해 진리로 거짓에 맞서고, 친절과 자비와 용서의 행위로 악을 행하는 자들에 대항하며, 자기 희생으로 그의 제자들을 향한 폭력과 살인에 맞서라고 우리에게 가르치셨다. 우리는 복음을 전파하되 폭력적인 방식을 단호하게 거부하고, 우리에게 잘못을 저지르는 사람들에 대해 분노를 품고 복수하려는 생각을 포기한다. 그러한 불순종의 태도는 그리스도와 신약성경의 본과 가르침에 모순되기 때문이다.[32] 동시에 사랑의 의무는, 우리로 하여금 고통받는 이웃들의 편에 서서 공의를 추구하며 하나님의 종으로서 악행을 징벌하는 기능을 맡은 법적·국가적 권위에 적절히 호소하도록 요구한다.[33]

---

31) 레 19:34; 마 5:43-44.
32) 마 5:38-39; 눅 6:27-29; 23:34; 롬 12:17-21; 벧전 3:18-23; 4:12-16.

E. 우리가 사랑하지 않는 세상. 하나님의 선한 창조세계는 하나님께 대적하는 인간의 세상과 사탄의 세상이 되었다. 우리는 세상의 죄악된 욕망과 탐욕과 인간적인 교만을 사랑하지 말도록 명령받았다. 이러한 세속적 표지들이 너무 자주 우리 그리스도인의 일그러진 모습이 되었고 우리의 복음 증거를 스스로 부인하는 결과가 되었음을 부끄러운 마음으로 고백한다.[34]

우리는 타락한 세상과 덧없는 열정을 즐기지 아니하며 하나님이 세상을 사랑하신 것처럼 온 세상을 사랑하기로 새롭게 헌신한다. 따라서 우리는 그리스도 안에서 모든 창조세계와 모든 문화가 구속되고 갱신되기를, 땅끝까지 모든 나라로부터 하나님의 백성이 모여들기를, 모든 파괴와 가난과 증오가 사라지기를 바라는 거룩한 열망을 품고 이 세상을 사랑한다.

---

33) 롬 13:4.
34) 요일 2:15-17.

8 우리는 하나님의 복음을 사랑한다

예수님의 제자인 우리는 복음의 사람들이다. 우리 정체성의 중심에는 예수 그리스도를 통한 하나님의 구원 사역이라는 성경의 좋은 소식에 대한 열정이 자리하고 있다. 우리는 복음 안에서 하나님의 은혜를 누린 경험과 모든 가능한 수단을 동원해 땅끝까지 그 은혜의 복음을 전하려는 동기로 하나가 된다.

A. 우리는 나쁜 소식들로 가득 찬 세상에서 이 좋은 소식을 사랑한다. 복음은 인간의 죄, 실패, 그리고 결핍이 야기한 끔찍한 결과들을 언급한다. 인류는 하나님을 거역하고 하나님의 권위를 거부하며 하나님의 말씀에 불순종했다. 이러한 죄악된 상태에서 우리는 하나님으로부터 소외되었고, 서로에게서 소외되었으며, 창조 질서로부터 소외되었다. 죄는 하나님의 정죄를 받을 만하다. 회개하기를 거부하고 "우리 주 예수 그리스도의 복음에 복종하지 않는" 자들은 영원한 멸망으로 형벌을 받으며 하나님의 임재로부터 격리될 것이다.[35] 죄의 결과와 악의 권세는 인간성의 모든 (영적·육체적·지적·관계적) 차원을 타락시켰다. 이 타락은 모든 문화와 역사

---

35) 창 3; 살후 1:8-9.

의 모든 세대에 걸쳐 사람들의 문화·경제·사회·정치·종교에 침투해 들어갔다. 그것은 인류에게 헤아릴 수 없는 비참한 결과를 남겼으며 하나님의 창조세계를 심각하게 손상시켰다. 이러한 절망적인 상황에서 성경의 복음은 실로 복된 소식이 아닐 수 없다.

B. 우리는 복음이 들려주는 이야기를 사랑한다. 복음은 나사렛 예수의 삶과 죽음, 그리고 부활이라는 역사적 사건을 좋은 소식으로 선포한다. 예수님은 다윗의 자손이요 약속된 메시아이자 왕이시므로, 하나님은 오직 예수님을 통해서만 자신의 나라를 세우시고 이 세상의 구원을 위해 행동하셨으며 그 결과 아브라함에게 약속하신 것처럼 온 땅의 모든 나라들이 복을 받을 수 있게 되었다. 바울은 "성경대로 그리스도께서 우리 죄를 위하여 죽으시고, 장사 지낸 바 되셨다가, 성경대로 사흘만에 다시 살아나사 게바에게 보이시고 후에 열두 제자에게 나타나셨다"라는 진술로 복음을 정의한다. 복음은 하나님이 그리스도의 십자가 위에서 아들의 모습으로 우리를 대신하여 우리의 죄로 인한 심판을 몸소 짊어지셨다고 선포한다. 부활을 통해 완성되고, 입증되고, 선포된 이 위대한 구원의 역사 가운데서, 하나님은 사탄과 죽음과 모든 악의 권세에 대한 결정적인 승리를 이루셨으며, 우리를 사탄의 권세와 두려움에서 해방시키셨고, 이들의 궁극적 파멸을 확증하셨다. 하나님은 모든 장벽과 대립을 넘어 하나님과 믿는 자들 간의 화해와 사람들 간의 화해를 이루셨다. 또한 하나님은 모든 피조물의 궁극적인 화해를 이루셨고, 예수님의 육체적 부활 가운데 새 창조의 첫 열매를 우리에게 주셨다. "하나님께서 그리스도 안에 계

시사 세상을 자기와 화목하게 하셨다."[36] 우리는 이 복음의 이야기를 몹시도 사랑한다!

C. 우리는 복음이 가져다준 확신을 사랑한다. 오직 그리스도만을 신뢰함으로 우리는 성령을 통해 그리스도와 하나가 되었으며, 그리스도 안에서 하나님 앞에 의롭다 함을 받았다. 우리는 믿음으로 의롭게 되어 하나님과 화평을 누리고, 더 이상 정죄를 받지 않게 되었다. 우리는 우리의 죄를 용서받았다. 우리는 그리스도의 부활하신 생명을 나누어 가짐으로써 다시 태어나 살아 있는 소망을 품게 되었다. 우리는 그리스도와 함께하는 상속자로 입양되었다. 우리는 하나님의 언약 백성으로서 시민이요, 하나님 가족의 일원이며, 하나님이 거하시는 처소가 되었다. 따라서 그리스도를 신뢰함으로써 우리는 구원과 영원한 생명을 온전히 확신하게 되었다. 이는 우리의 구원이 궁극적으로 우리로 말미암은 것이 아니라 그리스도께서 행하신 일과 하나님의 약속에 달린 것이기 때문이다. "어떤 피조물이라도 우리를 우리 주 그리스도 예수 안에 있는 하나님의 사랑에서 끊을 수 없으리라."[37] 우리는 이 복음의 약속을 몹시도 사랑한다!

---

36) 막 1:1, 14-15; 롬 1:1-4; 4; 고전 15:3-5; 벧전 2:24; 골 2:15; 히 2:14-15; 엡 2:14-18; 골 1:20; 고후 5:19.
37) 롬 4; 빌 3:1-11; 롬 5:1-2; 8:1-4; 엡 1:7; 골 1:13-14; 벧전 1:3; 갈 3:26-4:7; 엡 2:19-22; 요 20:30-31; 요일 5:12-13; 롬 8:31-39.

D. 우리는 복음이 낳는 변화를 사랑한다. 복음은 세상에서 역사하는, 삶을 변화시키는 하나님의 능력이다. "이 복음은 모든 믿는 자에게 구원을 주시는 하나님의 능력이 되기" 때문이다.[38] 믿음만이 복음의 복과 확신을 얻는 유일한 방법이다. 그러나 구원하는 믿음은 결코 그 자체로 남아 있는 것이 아니라 반드시 순종의 형태로 나타난다. 그리스도인의 순종은 "사랑으로써 역사하는 믿음"이다.[39] 우리는 선한 행위로 구원받는 것이 아니라 "그리스도 예수 안에서 선한 일을 위하여 지으심을 받은" 자로서 오직 은혜로써 구원을 받았다.[40] "행함이 없는 믿음은 그 자체가 죽은 것"이다.[41] 바울은 복음이 이룬 윤리적 변화를 그리스도의 초림 때 우리의 구원을 성취하신 은혜와, 그리스도의 재림의 빛 가운데 윤리적으로 살도록 가르치시는 하나님의 은혜의 역사로 보았다.[42] 바울에게는 "복음에 순종하는 것"이 은혜를 신뢰하는 것이자 은혜에 의해 가르침을 받는 것을 의미했다.[43] 바울의 선교적 목표는 모든 나라들 가운데 "믿음의 순종"을 일으키는 것이었다.[44] 이 강력한 인약직인 언어는 아브라함을 떠올리게 한다. 아브라함은 그를 의롭다고 칭하신 하나님의 약속을 믿었고, 그 믿음의 증거로

---

38) 롬 1:16.
39) 갈 5:6.
40) 엡 2:10.
41) 약 2:17.
42) 딛 2:11-14.
43) 롬 15:18-19; 16:19; 고후 9:13.
44) 롬 1:5; 16:26.

하나님의 명령에 순종했다. "믿음으로 아브라함은…순종했다."[45] 회개와 예수 그리스도에 대한 믿음은 복음이 요구하는 첫 번째 순종의 행위이며, 하나님의 명령에 대한 지속적인 순종은 거룩하게 하시는 성령을 통해 복음을 믿는 믿음 때문에 가능하게 되는 생활 방식이다.[46] 따라서 순종은 구원하는 믿음의 살아 있는 증거이자 살아 있는 열매다. 또한 순종은 예수님에 대한 우리의 사랑을 나타낸다. "나의 계명을 지키는 자라야 나를 사랑하는 자"이므로[47] "우리가 그의 계명을 지키면 이로써 우리가 그를 아는 줄로 알 것이다."[48] 우리는 이 복음의 능력을 몹시도 사랑한다!

---

45) 창 15:6; 히 11:8; 창 22:15-18; 약 2:20-24.
46) 롬 8:4.
47) 요 14:21.
48) 요일 2:3.

9   우리는 하나님의 백성을 사랑한다

하나님의 백성은 모든 세대와 모든 나라로부터 나온 새 창조세계의 시민으로서, 그리스도의 영광에 참여하도록 하나님이 그리스도 안에서 사랑하고 선택하고 부르고 구원하고 거룩하게 하신 하나님이 소유하신 백성이다. 하나님이 영원에서 영원까지, 그리고 우리의 모든 혼란과 반역의 역사 중에도 사랑하신 백성으로서, 우리는 서로 사랑하라는 계명을 받았다. "하나님이 이같이 우리를 사랑하셨은즉 우리도 서로 사랑하는 것이 마땅하다." 그리하여 "하나님을 본받는 자가 되고 그리스도께서 우리를 사랑하시고 우리를 위하여 자신을 내어주신 것같이 우리도 사랑 가운데서 행해야" 한다. 하나님의 가족으로서 서로 사랑하는 것은 바람직한 선택사항이 아니라 피할 수 없는 계명이다. 그 사랑은 복음에 대한 순종의 첫 번째 증거이자, 그리스도의 주되심에 대한 우리의 복종을 나타내는 필수적인 표현이며, 세계 선교의 강력한 원동력이다.[49]

A. 사랑은 하나됨을 요청한다. 제자들에게 내리신 서로 사랑하

---

49) 살후 2:13-14; 요일 4:11; 엡 5:2; 데전 1:3; 4:9-10; 요 13:35.

라는 예수님의 명령은, 그들이 하나 되게 해 달라는 그분의 기도로 연결된다. 계명과 기도는 둘 다 선교적이다. "너희가 내 제자라는 것을 세상이 알게 될 것"이며, "당신[아버지]께서 나를 보내신 것을 세상이 알 것"이다.[50] 복음의 진리를 가장 강력하게 확증하는 표지는 인종과 피부색, 성별, 사회적 지위, 경제적 특권, 정치적 노선 같은 세상의 고질적인 분열의 장벽을 넘어 그리스도인들이 사랑 안에서 하나 되는 것이다. 그러나 그리스도인들 가운데 세상과 똑같은 분열이 있고 오히려 확대되는 것만큼 우리의 증거를 파괴하는 것은 별로 없다. 우리는 그리스도의 몸 안에서, 가부장주의나 불건강한 의존이 없는 깊은 상호 사랑과 상호 복종, 그리고 극적인 경제적 나눔에 근거하는, 모든 대륙을 초월한 새로운 세계적인 동반자적 협력 관계를 긴박하게 추구한다. 이러한 추구는 복음 안에서 이루어진 우리의 하나됨의 증거일 뿐 아니라 그리스도의 이름과 온 세상에서 진행되는 하나님의 선교를 위한 것이다.

B. 사랑은 정직을 요청한다. 사랑은 은혜 가운데 진리를 말한다. 이스라엘의 예언자들과 예수님보다 하나님의 백성을 더 사랑했던 이들은 없었다. 그러나 하나님의 백성이 언약을 맺은 주님에 대해 언약 지키기를 실패하고 우상을 숭배하고 그분을 반역했을 때, 그 진실에 대해 그들보다 더 정직하게 백성을 대면했던 이들도 없다. 그렇게 함으로써 그들은 이스라엘 백성에게 회개를 요청했고,

---

50) 요 13:34-35; 17:21.

백성들은 용서받고 회복되어 하나님의 선교를 위해 섬길 수 있었다. 이와 동일한 예언자적 사랑의 목소리가 동일한 이유로 오늘날에도 전해져야 한다. 하나님의 교회를 향한 사랑 때문에 우리는 사랑하는 주 예수 그리스도의 얼굴을 욕되게 하고, 그분께로 너무도 절박하게 인도되어야 할 이 세상으로부터 그분의 아름다움을 가리는 우리의 추악함을 슬퍼하며 아파한다.

C. 사랑은 연대를 요청한다. 서로 사랑하는 것은 특별히 믿음과 복음 증거로 인해 박해를 받아 감옥에 갇힌 자들을 돌보는 것을 포함한다. 몸의 한 지체가 고통을 당하면 모든 지체가 함께 고통을 느낀다. 요한과 마찬가지로 우리는 "예수의 환난과 나라와 인내에 동참하는 자"들이다.[51] 우리는 정보 제공과 기도, 옹호 활동과 다른 지원 수단을 통해 전 세계에서 그리스도의 몸의 지체들이 받는 고통에 동참하는 데 헌신한다. 그러나 우리는 그러한 동참을 단순히 연민의 표현이 아니라, 고통당하는 교회가 같은 방식으로 고통당하지 않는 그리스도의 몸의 지체들에게 가르쳐 주고 제공해 줄 수 있는 것을 배우려는 염원으로 이해한다. 부유함과 충족함 속에서 편안함을 느끼는 교회는, 라오디게아 교회처럼, 예수님이 보시기에는 자신의 가난에 대해 눈먼 교회이며, 예수님은 그런 교회에 대해서 문밖의 외인처럼 느끼신다고 경고하신다.[52]

---

51) 히 13:1-3; 고전 12:26; 계 1:9.
52) 계 3:17-20.

예수님은 자신의 모든 제자들을 나라들 가운데서 한 가족이 되도록, 그리고 그분의 화해하게 하는 은혜를 통해 모든 죄악된 장벽이 허물어진 화해의 친교를 이루도록 부르신다. 이런 교회는 성령의 교통 안에 있는 은혜와 순종과 사랑의 공동체다. 그러한 공동체에는 하나님의 영광스러운 속성들과 그리스도의 은혜로운 특성들이 반영되며, 하나님의 다양한 색채를 지닌 지혜가 드러난다. 교회는 하나님 나라의 가장 생생한 현재적 표현이며, 더 이상 자신들을 위해 살지 않고 그들을 사랑하고 그들을 위해 자신을 내어주신 구원자를 위해 사는 화평케 된 이들의 공동체다.

10   우리는 하나님의 선교를 사랑한다

우리는 세계 선교에 헌신한다. 세계 선교가 하나님과 성경, 교회와 인류 역사, 그리고 궁극적인 미래를 이해하는 데 핵심이기 때문이다. 성경 전체가, 십자가의 보혈을 통해 화해를 이루시는 그리스도 아래 하늘과 땅의 모든 것을 하나 되게 하는, 하나님의 선교를 드러낸다. 하나님은 죄와 악으로 깨어진 창조세계를 더 이상 죄나 저주가 없는 새로운 창조세계로 변화시키심으로써 자신의 선교를 성취하실 것이다. 하나님은 아브라함의 후손이자 메시아이신 예수님의 복음을 통해, 이 땅의 모든 나라들에게 복을 베푸시겠다는 아브라함에게 하신 약속을 성취하실 것이다. 하나님은 심판으로 흩어진 나라들의 분열된 세계를 변화시키셔서, 모든 종족, 나라, 민족, 그리고 언어로부터 불러낸 그리스도의 피로 구속받은 새로운 인류를 만드시고, 그들이 함께 모여 우리 하나님과 구원자를 예배하게 하실 것이다. 그리스도께서 생명과 정의와 평화의 영원한 통치를 세우시기 위해 다시 오실 때, 하나님은 죽음과 부패와 폭력의 통치를 무너뜨리실 것이다. 그리고 임마누엘 하나님은 우리와 함께 거하실 것이며, 세상 왕국은 우리 주님과 그리스도의 왕국이 될 것이고, 그분은 영원히 세세토록 다스리실 것이다.[53]

A. 하나님의 선교에 참여함. 하나님은 자신의 백성을 부르셔서 자신의 선교에 동참시키신다. 모든 나라로부터 나온 교회는 메시아 예수를 통해 구약의 하나님 백성을 계승한다. 그들과 함께 우리는 아브라함을 통해 부르심을 받았고 모든 나라를 위한 복과 빛이 되라는 사명을 받았다. 그들과 함께 우리는 율법과 예언자들을 통해 죄와 고통의 세상에서 거룩, 긍휼, 그리고 정의의 공동체가 되도록 가르침을 받고 빚어질 것이다. 우리는 예수 그리스도의 십자가와 부활을 통해 구속받았고, 그리스도 안에서 하나님이 행하신 것을 증거하기 위해 성령의 능력을 받았다. 교회는 영원토록 하나님을 예배하고 영화롭게 하며 역사 속에서 하나님의 변혁하시는 선교에 참여하기 위해 존재한다. 우리의 선교는 온전히 하나님의 선교로부터 나오며, 하나님의 창조세계 전체를 다루며, 그 중심이 십자가의 구속하시는 승리 위에 세워져 있다. 우리는 바로 이 백성에 속하였으며, 이 백성의 믿음을 우리가 고백하며, 이 백성의 선교에 우리가 동참한다.

B. 우리의 선교가 지녀야 할 총체성. 우리의 모든 선교의 근원은, 성경에 계시된 것처럼, 하나님이 온 세상의 구속을 위해 그리스도 안에서 행하신 일이다. 우리의 복음 전도의 과제는 그 좋은 소식을 모든 나라들에 알리는 것이다. 우리의 모든 선교가 이루어지는 장소는 우리가 살아가는 세상, 곧 죄와 고통과 불의와 창조 질서의 왜곡으로 가득한 세상이며, 이런 세상으로 하나님은 그리스

---

53) 엡 1:9-10; 골 1:20; 창 1-12; 계 21-22.

도를 대신해 사랑하고 섬기도록 우리를 보내신다. 그러므로 우리의 모든 선교에서 복음 전도와 세상에서의 헌신적인 참여가 통합되어야 하며, 이 둘은 모두 하나님의 복음에 관한 성경 전체의 계시가 명령하고 주도하는 일이다.

> 복음 전도 자체는 사람들로 하여금 그리스도께 인격적으로 나아와 하나님과 화해하도록 설득하기 위해, 역사적이고 성경적인 그리스도를 구원자와 주로 선포하는 것이다.…복음 전도의 결과는 그리스도께 대한 순종과 그의 교회로의 연합, 그리고 세상에서의 책임 있는 섬김을 포함한다.…우리는 복음 전도와 사회 정치적 참여가 우리 그리스도인의 의무의 두 부분임을 확언한다. 이 두 부분은 모두 하나님과 인간에 대한 우리의 교리, 이웃에 대한 우리의 사랑, 그리고 예수 그리스도에 대한 우리의 순종을 나타내는 데 필수적이다.…우리가 선포하는 구원은 우리로 하여금 개인적 책임과 사회적 책임을 총체적으로 수행하도록 우리를 변화시켜야 한다. 행함이 없는 믿음은 죽은 것이니.[54]

총체적 선교는 복음을 선포하는 것이며 드러내는 것이다. 이는 단순히 복음 전도와 사회 참여가 나란히 이루어져야 한다는 뜻이 아니다. 그보다는, 총체적 선교 안에서 우리가 사람들을 삶의 모든 영역에서 사랑과 회개를 행하도록 요청하기 때문에, 우리의 선포가 사회적인 모습을 지니게 된다. 그리고 우리가 예수 그리스도의 변화시키는 은

---

54) 로잔 언약, 4-5장.

혜를 증거하기에 우리의 사회 참여가 복음 전도의 모습을 지니게 된다. 우리가 세상을 무시한다면 세상을 섬기도록 우리를 보내시는 하나님의 말씀을 거역하는 것이다. 우리가 하나님의 말씀을 무시한다면 우리가 세상에 가져다줄 것은 아무것도 없다.[55]

하나님은 선교의 모든 차원을 총체적이고 역동적으로 실천하도록 그분의 교회를 부르셨으며, 우리는 이에 헌신한다.

- 하나님은 우리에게 하나님의 계시의 진리와 예수 그리스도를 통한 하나님의 구원하시는 은혜의 복음을 모든 나라들에 전하고, 모든 사람을 회개, 믿음, 세례(침례), 그리고 순종의 제자도로 부르도록 명령하신다.
- 하나님은 우리에게 가난한 자들을 긍휼의 마음으로 돌봄으로써 그분 자신의 성품을 드러내고, 정의와 평화를 위해 분투하고 하나님의 창조세계를 돌봄으로써 하나님 나라의 가치와 능력을 드러내라고 명령하신다.

우리는 그리스도 안에 드러난 우리를 향한 하나님의 무한한 사랑에 대한 응답으로써, 그리고 그분에 대한 우리의 넘치는 사랑 때문에, 자기부인의 겸손과 기쁨과 용기로써 하나님이 명령하시는 모든 것에 온전히 순종하는 일에 성령을 힘입어 새롭게 헌신

---

55) 통전적 선교에 관한 미가선언문(The Micah Declaration on Integral Mission).

한다. 우리는 주님과의 이 언약을 갱신한다. 먼저 우리를 사랑하신 주님, 우리가 사랑하는 주님을 위하여.

II부

우리가 섬기는 세상을 위하여
: 케이프타운 행동 요청

서론
IIA | 다원주의적이며 세계화된 세상 속에서 그리스도의 진리를 증거하기
IIB | 분열되고 깨어진 세상 속에서 그리스도의 평화를 이루기
IIC | 타종교인들 속에서 그리스도의 사랑을 실천하기
IID | 세계 복음화를 위한 그리스도의 뜻을 분별하기
IIE | 그리스도의 교회가 겸손과 정직과 단순성을 회복하기
IIF | 선교의 하나됨을 위해 그리스도의 몸 안에서 동역하기
결론

서론

우리가 하나님과 맺은 언약은 사랑과 순종을 한데 묶는다. 하나님은 우리의 "믿음의 역사"와 "사랑의 수고"를 기뻐하신다.[56] "우리는 그가 만드신 바"이며, "그리스도 예수 안에서 선한 일을 위하여 지으심을 받은 자니, 이 일은 하나님이 전에 예비하사 우리로 그 가운데서 행하게 하려" 하시는 것이기 때문이다.[57]

우리는 예수 그리스도의 전 세계 교회의 일원으로서 성령을 통해 하나님의 음성을 듣고자 힘썼다. 우리는 하나님의 기록된 말씀인 에베소서 강해를 통해, 그리고 전 세계에서 참여한 그분의 백성들의 목소리를 통해 우리에게 말씀하시는 그분의 음성을 늘었다. 케이프타운 대회에서 논의된 여섯 가지 주제들은 그리스도께 속한 전 세계 교회가 직면하고 있는 도전과 미래를 향한 우리의 우선순위를 분별하는 준거가 된다. 그러나 이 서약의 내용들이 교회가 고려해야 할 모든 것이라거나, 어느 곳에서나 우선순위가 동일해야 한다고 주장하는 것은 아니다.

---

56) 살전 1:3.
57) 엡 2:10.

IIA 다원주의적이며 세계화된 세상 속에서 그리스도의 진리를 증거하기

1. 진리 그리고 그리스도의 인격

예수 그리스도는 만유의 진리이시다. 예수님은 진리이기 때문에 그리스도 안에 있는 진리는 (1) 명제적일 뿐 아니라 인격적이며, (2) 상황적일 뿐 아니라 보편적이고, (3) 현재적일 뿐 아니라 궁극적이다.

> A. 그리스도의 제자로서 우리는 진리의 사람으로 부름받았다.
> 1. 우리는 진리를 살아내야 한다. 진리를 살아낸다는 것은, 어두운 마음을 지닌 이들을 향해 우리가 복음의 영광을 계시하시는 예수님의 얼굴이 되는 것이다. 사람들은 예수님을 위해 신실함과 사랑으로 살아가는 자들의 얼굴에서 진리를 볼 것이다.
> 2. 우리는 진리를 선포해야 한다. 복음의 진리를 말로 선포하는 것은 우리의 선교에서 가장 중요한 부분으로 남아 있다. 이것은 진리를 살아내는 것과 분리될 수 없다. 행위와 말씀은 반드시 함께 가야만 한다.
>
> B. 바울이 그러했듯이, 우리는 교회 지도자들과 목회자들 및

복음 전도자들이 성경적 복음의 충만함을, 그 우주적인 범위와 모든 진리를 설교하고 가르칠 것을 촉구한다. 우리는 복음을 단순히 개인 구원의 길이나 다른 신들이 제공하는 것보다 더 나은 해결책으로서가 아니라, 그리스도 안에서 나타난 온 우주를 위한 하나님의 계획으로 제시해야 한다. 사람들은 종종 개인적인 필요를 충족시키기 위해 그리스도께 나아온다. 그러나 그들은 그리스도가 진리이심을 발견할 때 그와 함께 거한다.

2. 진리 그리고 다원주의의 도전

문화적·종교적 다원주의는 하나의 사실이다. 일례로 아시아의 그리스도인들은 수세기 동안 종교 문화적으로 다원적 상황에서 살아 왔다. 각기 다른 종교들은 자신들이 진리의 길이라고 주장한다. 대부분은 경쟁하는 다른 신앙의 진리 주장들을 존중하고 그것들과 함께 살아가고자 노력할 것이다. 그러나 포스트모던적이며 상대주의적인 다원주의는 다르다. 이 이데올로기는 절대적이거나 보편적인 진리를 허용하지 않는다. 진리 주장을 관용하면서도 그것을 문화적 구성물에 지나지 않는 것으로 간주한다. (이러한 입장은 논리적으로 자기 파괴적인데, 그 이유는 유일한 절대적 진리가 존재하지 않는다는 것을 유일한 절대적 진리로 주장하기 때문이다.) 이러한 다원주의는 '관용'을 궁극적 가치로 주장하지만, 세속주의나 공격적인 무신론이 공적 영역을 지배하는 국가에서는 억압적인 형태를 취할 수도 있다.

A. 우리는 강력한 변증이라는 어려운 과제에 대한 더 큰 헌신이 나타나기를 소원한다. 이는 두 가지 수준에서 진행되어야 한다.

  1. 우리는 공적 영역에서 최고의 지적·공적 수준으로 성경적 진리를 변론하고 방어할 수 있는 이들을 찾아내고, 구비시키고, 이들을 위해 기도해야 한다.

  2. 우리는 교회 지도자들과 목회자들에게, 모든 신자들이 용기와 적절한 수단을 갖추어, 일상의 공적 대화에서 예언자적 적실성을 지닌 진리를 말하고 우리가 속한 문화의 모든 방면에 참여하도록 구비시킬 것을 촉구한다.

3. 진리 그리고 일터

성경이 보여 주는 인간의 노동에 관한 하나님의 진리는 노동이 창조세계에 나타난 하나님의 선하신 목적의 일부라는 것이다. 성경은 우리가 각기 다른 소명 가운데 하나님을 섬기고 있으며 우리의 노동하는 삶 전체가 사역의 영역에 속하는 것으로 여긴다. 이와는 대조적인 '성·속의 분리'라는 허위가 교회의 사고와 행동에 침투해 들어왔다. 이러한 분리는, 종교적 활동은 하나님께 속한 반면 다른 활동은 그렇지 않다고 말한다. 대부분의 그리스도인들은 영적 가치가 거의 없다고 생각하는 일(소위 세속적인 일)을 하며 대부분의 시간을 보낸다. 그러나 하나님은 삶의 모든 것의 주님이시다. 바울은 이교도의 일터에서 일하는 노예들에게 "무슨 일을 하든지 마음을 다하여 주께 하듯 하고, 사람에게 하듯 하지 말라"[58]고 말했다.

일터는 성인 그리스도인들이 비그리스도인들과 대부분의 관계를 맺고 살아가는 곳으로서 복음 전도와 변혁을 위한 거대한 기회를 제공하는 곳임에도 불구하고, 이 기회를 위해 신자들을 구비시키려는 비전을 가진 교회는 거의 없다. 우리는 그리스도의 주 되심 아래 삶의 모든 부분을 복종시키지 못했고, 따라서 노동도 그 자체로서 성경적으로나 본질적으로 의미 있게 여기지 못했다.

A. 우리는 이러한 성·속의 분리를 하나님의 선교에 모든 하나님 백성을 동원하는 데 방해가 되는 주요 장애물로 명명하며, 전 세계 그리스도인들이 이러한 비성경적인 전제를 거부하고 그 해로운 영향들에 저항할 것을 촉구한다. 우리는 (지역적·타문화적) 사역과 선교를 주로 그리스도의 몸의 극히 작은 일부인 전임 사역자들과 선교사들이 교회에서 유급으로 일하는 사역으로 간주하려는 경향을 거부한다.

B. 우리는 모든 신자에게, 하나님이 일하도록 부르신 곳이면 어디든 그곳이 바로 일상의 사역과 선교를 수행하는 장소임을 받아들이며 확신하라고 권면한다. 우리는 목회자들과 교회 지도자들에게, 사회와 일터에서 그러한 사역을 수행하는 이들을 지원하며 "섬김[사역]의 일을 위해 성도들을 구비시키라고" 도전한다.

---

58) 골 3:23.

C. 우리는 하나님의 모든 백성이 삶 전체를 아우르는 제자도를 훈련하도록 집중적으로 노력할 필요가 있다. 이는 매일 생활하고 노동하는 모든 장소와 상황에서 성경적 세계관으로 살고, 생각하고, 일하고, 말하며 선교적 영향력을 발휘하는 것을 의미한다.

종종 그리스도인들은 다양한 기술과 무역과 사업과 직업을 통해 전통적인 교회 개척자들과 복음 전도자들이 갈 수 없는 곳들로 갈 수 있다. 이러한 "텐트메이커들"과 사업가들의 일터 사역은 지역 교회 사역의 한 영역으로서 그 가치를 인정받아야 한다.

D. 우리는 교회 지도자들이 일터 사역의 전략적 영향력을 이해하고, 교인들을 선교사로 동원하고 구비시켜 그들을 일터와, 그들 자신의 지역 공동체, 그리고 전통적 형태의 복음 증거를 거부하는 국가들에 파송할 것을 촉구한다.

E. 우리는 선교 지도자들이 "텐트메이커들"을 세계 선교 전략 안으로 온전히 통합시킬 것을 촉구한다.

4. 진리 그리고 세계화된 미디어

우리는 미디어 문화 가운데 그리스도의 진리를 드러내는 일의 일부로서, 미디어와 기술 분야에 대한 비판적·창조적 참여에 새롭게 헌신한다. 우리는 진리, 은혜, 사랑, 평화, 그리고 정의에 대한 하나님의 대사로서 그 일을 해야 한다.

우리는 다음과 같은 주된 필요를 인식한다.

A. 미디어에 대한 인식: 사람들로 하여금 그들이 수용하는 메시지와 그 이면에 있는 세계관에 대한 비판적인 인식 능력을 계발하도록 돕는다. 미디어는 중립적일 수 있으며, 때로 복음에 우호적일 수도 있다. 그러나 미디어는 또한 포르노, 폭력, 탐욕을 위해 이용되기도 한다. 우리는 목회자들과 교회들이 이러한 이슈들을 열린 자세로 직면하고, 신자들이 그러한 압박과 유혹을 거부하도록 교육하고 인도할 것을 권면한다.

B. 미디어에 대한 참여: 일반적인 정보 미디어와 예능 미디어 분야에서 진정성 있고 신뢰할 만한 기독교적 역할 모델들과 커뮤니케이터들을 발굴한다. 또한 이 직종들을 그리스도를 위해 영향력을 미치는 가치 있는 수단으로서 권장한다.

C. 미디어 사역: 통전적인 성경적 세계관의 맥락에서 그리스도의 복음을 전하기 위해 '전통적인' 미디어와 '기성' 미디어와 '새로운' 미디어의 창조적·통합적 활용과 상호 보완을 추구한다.

5. 진리 그리고 선교에서의 예술

우리는 하나님의 형상을 지닌 존재이므로 창조성이라는 은사를 가지고 있다. 다양한 형태의 예술은 인류의 행위 중 중요한 부분이며, 하나님의 아름다움과 진리를 반영할 수 있다. 최고의 예술이란 진리를 진술하는 일이며, 따라서 예술은 복음의 진리를 말할 수 있는 하나의 중요한 방법이다. 연극, 춤, 이야기, 음악, 그리고 시각 이미지는 우리의 깨어짐이라는 현실, 그리고 복음의 핵심인 만물이 새롭게 될 것이라는 소망, 이 두 가지 모두를 표현할 수 있다.

선교의 세계에서 예술은 미개발 자원이다. 우리는 더 많은 그리스도인들의 예술 참여를 적극 권장한다.

A. 우리는 모든 문화권의 교회가 다음 사항을 통해 선교의 맥락에서 예술에 열정적으로 참여하기를 소원한다.
1. 우리를 부르신 제자도의 타당하고 가치 있는 구성 요소인 예술을 신앙 공동체의 삶 속으로 다시 가져온다.
2. 예술의 은사를 가진 사람들, 특히 그리스도 안에 있는 형제자매들을 후원하여 그들의 사역이 번창하도록 지원한다.
3. 예술이 우리가 이웃과 낯선 이들을 인식하고 알아가는 환대의 환경을 이루는 데 기여하도록 한다.
4. 문화적 차이를 존중하고 토착적인 예술 표현들을 환영한다.

6. 진리, 과학, 그리고 새로운 기술

21세기는 바이오, 정보/디지털, 나노, 가상현실, 인공지능과 로봇 기술과 같이 새롭게 떠오르는 모든 기술의 진보를 이룬 "바이오

기술의 세기"로 널리 알려져 있다. 이것은 특히 인간의 의미에 대한 성경의 진리와 관련하여 교회와 선교가 고려해야 할 깊은 함의를 지닌다. 우리는 공공 정책 분야에서 진정한 기독교적 응답과 실제적 행동을 도모하며, 과학과 기술을 조종과 왜곡과 파괴의 도구가 아닌, 하나님이 그분의 형상을 따라 창조하신 우리의 인간성을 보존하고 더 잘 충족시키는 도구로 선용해야 할 필요가 있다. 따라서 우리는 다음과 같이 요청한다.

A. 지역 교회 지도자들은 (1) 과학, 기술, 보건, 그리고 공공 정책에 전문적으로 종사하는 교인들을 격려하고 후원하며 질문을 던진다. (2) 신학적 사고력을 갖춘 학생들에게 그리스도인들이 이러한 분야들에 진출해야 할 필요성을 제시한다.

B. 신학교는 커리큘럼에 이러한 분야들을 포함시켜, 미래의 교회 지도자들과 신학 교육자들로 하여금 새로운 기술에 대해 정확한 기독교석 비평 능력을 가지게 한다.

C. 신학자들과 정부, 경제, 학계, 그리고 기술 분야의 그리스도인들은 새로운 기술과 과학적 진보 문제에 개입하기 위해 국가나 지역의 '싱크 탱크'(think tank, 두뇌 집단)를 결성하거나 동반자적 협력 관계를 구축하고, 성경적이며 적실한 목소리를 냄으로써 공공 정책 형성에 영향을 미친다.

D. 모든 지역 기독교 공동체들은 창조된 인간성의 물리적·정

서적·관계적·영적 측면들을 통합하는 실제적이고 통전적인 돌봄을 통해, 인간 삶의 고유한 존엄성과 신성함에 대한 존경심을 나타낸다.

7. 진리 그리고 공적 영역

정부, 기업, 학계가 결합된 영역들은 각 국가의 가치관에 막대한 영향을 미치고 있고, 인간의 언어로 교회의 자유를 제약한다.

A. 우리는 그리스도를 따르는 자들이 사회적 가치를 형성하고 공적 논의에 영향을 미치기 위해 공공 서비스나 개인 사업 영역들에 적극적으로 참여할 것을 권면한다. 우리는 학문적 탁월성과 성경적 진리에 헌신하는 그리스도 중심의 학교와 대학교에 대한 지원을 촉구한다.

B. 성경은 부패를 정죄한다. 부패는 경제 발전을 침식하고 공정한 의사 결정을 왜곡하며 사회적 결속을 파괴한다. 부패로부터 자유로운 국가는 하나도 없다. 우리는 일터의 그리스도인들, 특히 젊은 그리스도인 기업가들이 부패라는 화인(禍因)에 맞설 최선의 방법을 창조적으로 생각해 낼 것을 요청한다.

C. 우리는 젊은 그리스도인 학자들에게 세속 대학에서 장기적으로 근무할 것을 고려하라고 권면한다. 성경적 세계관으로 (1) 가르치고 (2) 학문 분야를 발전시켜서 그들의 전공 영역에

서 영향력을 발휘하게 되기를 바란다. 우리는 결코 학문 영역을 무시하지 않는다.[59]

---

59) 1981년, 유엔총회 전 의장이었던 찰스 말릭(Charles H. Malik)은 "대학에 대한 기독교적 비평"(A Christian Critic of the University)이라는 제목의 파스칼 강연에서 다음과 같이 주장했다. "대학은 세상을 움직이는 분명한 받침점이다. 교회가 자신과 복음의 대의를 위해 할 수 있는 것들 중, 대학을 그리스도를 위해 다시 사로잡는 것보다 더 큰 일은 없다. 대학을 변화시키라. 그러면 다른 어떤 수단보다도 강력하게 세상을 변화시킬 수 있다."

IIB 분열되고 깨어진 세상 속에서 그리스도의 평화를 이루기

1. 그리스도께서 이루신 평화

하나님과의 화해는 이웃과의 화해와 분리되지 않는다. 우리의 평화이신 그리스도는 십자가를 통해 평화를 이루시고 유대인과 이방인으로 분열된 세상에 평화를 선포하셨다. 하나님 백성의 하나됨과 연합은 하나의 실재("그는 둘로 하나를 만드시고")이자 명령("평안의 매는 줄로 성령이 하나 되게 하신 것을 힘써 지키라")이다. 그리스도 안에서 모든 피조물을 하나 되게 하시려는 하나님의 계획 속에서, 하나님의 새로운 인류 안에서 이루어지는 종족 간의 화해는 하나의 모델이 된다. 이것이 아브라함이 받은 약속이며 복음의 능력이다.[60]

우리는 유대인이, 바울이 이방인에 대해 말한 것처럼 하나님의 언약과 약속을 전혀 모르는 것은 아니지만, 그들도 마찬가지로 메시아 예수를 통해 하나님과 화해해야 할 위치에 있음을 확언한다. 바울은 유대인과 이방인이 모두 죄인이라는 점에서 그들 사이에는 아무런 차이가 없으며, 구원에 있어서도 아무런 차이가 없

---

60) 엡 1:10; 2:1-16; 4:3; 갈 3:6-8. (IIF "선교의 일치를 위해 그리스도의 지체 안에서 동역하기"를 참조하라.)

다고 말했다. 그들은 오직 십자가 안에서, 십자가를 통해, 그리고 한 분이신 성령을 통해 하나님 아버지께 나아갈 수 있다.[61]

A. 그러므로 우리는, 온 교회가 메시아이며 주님이시고 구원자이신 예수님에 대한 좋은 소식을 계속해서 유대인에게 나누어야 함을 강력히 확언한다. 또한 우리는 이방인 신자들에게, 로마서 14-15장의 정신을 따라, 그리스도를 구원자로 믿으며 그들의 민족 가운데서 복음을 증거하는 유대인 신자들을 받아들이고 격려하며 그들을 위해 기도할 것을 촉구한다.

또한 하나님과의 화해와 이웃과의 화해는 하나님이 요구하시는 정의를 추구하는 근거이자 동기다. 하나님은 그러한 화해 없이는 평화가 없다고 말씀하신다. 참되고 지속적인 화해가 일어나려면 과거와 현재의 죄에 대한 인정, 하나님 앞에서의 회개, 상처받은 자를 향한 고백, 그리고 용서를 구하고 받는 행위가 필요하다. 또한 교회는 폭력과 억압의 피해를 입은 사람들에 대해 적절한 방식으로 정의를 실현하고 보상을 제공하는 일에 헌신해야 한다.

B. 우리는 하나님과 화해한 전 세계 그리스도의 교회가 우리 안의 화해를 삶으로 살아내며, 그리스도의 이름으로 성경적 평화를 이루는 과업에 헌신하고 분투하는 것을 보기를 소원한다.

---

61) 엡 2:11-22; 롬 3:23; 롬 10:12-13.

2. 종족 갈등 속의 그리스도의 평화

종족의 다양성은 창조세계에 심긴 하나님의 선물이자 계획이다.[62] 그러나 이것은 인간의 죄와 교만으로 오염되어 혼돈과 분쟁, 폭력, 그리고 국가 간의 전쟁을 낳았다. 그러나 종족의 다양성은 새 창조세계에서 보존될 것이며, 모든 나라와 종족과 민족과 언어에서 나온 사람들이 하나님의 구속된 백성으로 모일 것이다.[63] 우리는 때로 종족 정체성을 진지하게 다루지 못했고, 성경이 창조와 구속에서 이것을 중요하게 여기는 만큼 소중하게 여기지 못했음을 고백한다. 우리는 다른 이들의 종족 정체성을 존중하지 못했을 뿐 아니라, 장기간 존중하지 못한 결과로 야기된 깊은 상처들을 무시했다.

> A. 우리는 교회의 목회자들과 지도자들이 종족의 다양성에 대한 성경의 진리를 가르칠 것을 촉구한다. 우리는 모든 교회 구성원의 종족 정체성을 긍정적인 것으로 확언해야 한다. 그러나 우리는 또한 우리의 종족에 대한 충성이 죄로 인해 어떻게 변질되었는지 보여 주어야 하며, 우리의 종족 정체성이 그리스도 안에서 십자가를 통해 새로운 인류가 된 우리의 구속된 정체성에 비해 부차적임을 신자들에게 가르쳐야 한다.

---

62) 신 32:8; 행 17:26.
63) 계 7:9; 21:3, 계 21:3 본문에는 "그들은 그의 백성'들'(peoples)이 될 것이다"라고 말한다.

우리는 그리스도인들이 종족 간 폭력과 억압이라는 가장 파괴적인 상황에서 공범자가 된 것과, 그러한 분쟁이 일어날 때 수많은 교회들이 통탄할 정도로 침묵하는 것을 슬픔과 부끄러운 마음으로 인정한다. 그러한 상황은 인종주의와 흑인 노예제, 유대인 학살, 인종분리주의, "인종청소," 그리스도인들의 종파 간 폭력, 원주민 학살, 종교·정치·종족 집단 간의 폭력, 팔레스타인 사람들의 고통, 카스트 제도의 억압, 종족 학살과 같은 역사와 유산을 포함한다. 자신들의 행동이나 무관심으로 세상의 깨어짐을 가속화하는 그리스도인들은 평화의 복음에 대한 증거를 심각하게 무너뜨리고 있다. 그러므로,

B. 우리는 복음을 위해 애통하며 그리스도인들이 종족 간 폭력과 불의와 억압에 참여한 것에 대한 회개를 요청한다. 우리는 또한 그리스도인들이 침묵, 무관심, 중립을 지킨다는 핑계, 또는 잘못된 신학적 정당화를 통해 그러한 악에 수없이 공모했던 일에 대해 회개를 요청한다.

복음이 상황에 깊이 뿌리내리지 않고, 이면의 불의한 세계관과 체제에 도전하고 이를 변혁하지 않는다면, 악한 날이 올 때에 그리스도인의 충성은 헌신짝처럼 버려질 것이고, 사람들은 거듭나기 전의 충성이나 행위들로 되돌아갈 것이다. 제자 삼지 않는 복음 전도나 그리스도의 명령에 대한 급진적 순종이 없는 부흥은 그저 조금 부족한 것이 아니라 위험한 것이다.

우리는 교회가 세상에서 종족 간 화해와 갈등 해소에 대한 적

극적인 지지 때문에 가장 눈에 띄게 빛나는 모델이 될 날을 고대한다.

복음에 근거한 이러한 열망은 우리에게 다음과 같은 결단을 요청한다.

C. 우리는 복음의 충만한 화해의 **능력**을 받아들이며 그것을 올바르게 가르친다. 이는 속죄(atonement)에 대한 온전한 성경적 이해를 포함한다. 즉, 예수님은 하나님과 우리를 화해시키기 위해 십자가 위에서 우리의 죄를 짊어지셨을 뿐 아니라, 우리가 서로 화해하도록 우리의 적대감을 파괴하셨다.

D. 우리는 화해의 생활양식을 **취한다**. 실제적으로 이는 다음과 같은 그리스도인들의 행동에서 드러난다.
 1. 박해자들을 용서하되 타인을 위해서는 용기 있게 불의에 도전한다.
 2. 갈등의 '저쪽 편에 있는' 이웃들을 돕고 환대하며 화해를 추구하기 위해 장벽을 넘어서는 행동을 먼저 취한다.
 3. 폭력적 상황에서도 그리스도를 계속해서 증거하고, 파괴나 복수의 행위에 동참하기보다는 차라리 고난이나 죽음을 기꺼이 받아들인다.
 4. 갈등의 상처들을 장기적으로 치유하는 데 참여하며, 교회로 하여금 과거의 적들을 포함한 모든 이들의 피난처와 치유의 장소가 되게 한다.

E. 우리는 희망의 신호가 되며 희망을 가져오는 자가 된다. 우리는 그리스도 안에서 세상을 자신과 화해케 하신 하나님을 증거한다. 오직 그리스도의 이름으로, 그리고 그분의 십자가와 부활의 승리 안에서 우리는 인류의 갈등을 악화시키는 악의 마귀적 능력들에 맞설 권세를 갖게 되며, 그분의 화해케 하시는 사랑과 평화를 위해 섬길 능력을 갖게 된다.

3. 가난하고 억압받는 자들을 위한 그리스도의 평화

억압받는 자들과 가난한 자들을 위해 정의와 '샬롬'에 헌신해야 하는 성경적 근거는 "케이프타운 신앙고백" 7장(C)에 요약되어 있다. 이에 근거하여 우리는 다음과 같은 더욱 효과적인 그리스도인의 행동이 나타나기를 소원한다.

노예제도와 인신매매

윌리엄 윌버포스가 대서양 노예무역을 폐지하기 위해 싸우던 200년 전보다 오늘날 전 세계에 더 많은 노예들이 존재한다(2천 7백만 명 정도로 추정된다). 인도에만 1천 5백만 명 정도의 어린이들이 노예 상태에 있다. 카스트 제도는 하위 카스트 계급을 억압하고 달리트(Dalit: 인도의 전통 카스트 제도에서 최하 계급에 속하는 사람)들을 배척한다. 그러나 슬프게도 많은 기독교 교회들 자신도 그와 똑같은 형태의 차별에 오염되어 있다. 전 세계 교회는 실제로 세계에서 가장 오래된 노예 제도 가운데 하나인 카스트 제도에 대항하는 데 한목소리를 내야 한다. 그러나 이러한 교회의 주장이 진정성을 가지려면 교회는 자체적으로 자기 내부의 모든 불평등과 차별부터 거부해야 한다.

오늘날의 세상에서 진행되는 전례 없는 규모의 이주는, 다양한 이유로 전 대륙에서 벌어지는 인신매매, 성 매매를 위한 여성과 아동의 광범위한 노예화, 강제노동이나 군 징집을 통한 아동 학대를 낳고 있다.

A. 전 세계 교회가 함께 인신매매의 악에 대항하고, "갇힌 자들을 자유케 하기 위해" 예언자적으로 발언하고 행동하자. 여기에는 인신매매를 촉진하는 사회적·경제적·정치적 요인을 제거하는 일이 포함되어야 한다. 전 세계 노예들은 그리스도의 교회들을 향해 "우리 아이들을 자유케 해 달라. 우리 여성들을 자유케 해 달라. 우리의 대변자가 되어 달라. 예수님이 약속하신 새로운 사회를 우리에게 보여 달라"라고 부르짖고 있다.

빈곤

우리는 성경 전체의 가르침을 받아들인다. 성경은 가난한 자들을 위한 구조적인 경제 정의와, 개인적인 긍휼과 존중과 관대함, 이 둘 모두를 하나님이 원하신다고 말한다. 초대교회와 사도 바울이 행한 선교의 모습처럼, 이러한 폭넓은 성경의 가르침이 우리의 선교 전략과 실천에 더욱더 통합되어 감을 우리는 기뻐한다.[64]

---

64) 행 4:32-37; 갈 2:9-10; 롬 15:23-29; 고후 8-9장.

따라서 우리는,

B. 밀레니엄개발목표(Millennium Development Goals)가 지역 교회와 전 세계 교회를 위해 제시해 놓은 중대한 기회를 인식하자. 우리는 정부를 향해 이것을 옹호하고, 이를 성취하려는 미가 챌린지(Micah Challenge)와 같은 노력에 참여할 것을 교회들에게 요청한다.

C. 과도한 부와 탐욕에 맞서지 않고서는 이 세상의 빈곤 문제를 해결할 수도, 바로잡을 수도 없음을 용기 있게 선포하자. 복음은 소비주의라는 만연한 우상 숭배에 도전한다. 우리는 맘몬이 아니라 하나님을 섬기는 자들로서, 탐욕이 빈곤을 고착시키고 있음을 인식하고 이를 거부하도록 부르심을 받았다. 동시에 우리는 복음이, 회개의 부르심에 응한 부자들을 포용하고, 용서의 은혜로 인해 변화된 사람들의 친교로 이들을 초청하는 것을 기뻐한다.

4. 장애인들을 위한 그리스도의 평화

6억이 넘는 장애인들은 세계에서 가장 거대한 소수 집단 중 하나다. 이들 가운데 대다수는 최저개발국에 살고 있으며, 가난한 자 중에서도 가장 가난한 자들에 속한다. 육체적·정신적 문제가 그들의 일상적으로 경험하는 애로이지만, 사회의 태도, 불의, 그리고 여러 자원들에 대한 접근성 부족 또한 그들이 장애를 경험하게 만드는 요인이다. 장애인들을 섬기는 것은 의료 혜택이나 사회적 지원으로 끝나는 것이 아니다. 그것은 사회와 교회가 이들을 포용하고 평등하게 대하도록 이들과 가족들과 돌보는 자들 곁에서 싸우는 것도 포함한다. 하나님은 상호간의 우정과 존경과 사랑과 정의를 행하도록 우리를 부르신다.

A. 문화적 고정관념을 거부하는 일에 전 세계 그리스도인들이 앞장서자. 이것은 사도 바울의 말처럼 "우리가 이제부터는 어떤 사람도 육신을 따라 알지 아니하기" 때문이다.[65] 하나님의 형상으로 창조된 우리 모두는, 하나님이 그분의 사역에 사용하실 수 있는 은사들을 갖고 있다. 우리는 장애인들을 섬길 뿐 아니라 장애인들의 섬김을 받는 것에도 헌신한다.

B. 우리는 교회와 선교 지도자들이 장애인을 위한 선교를 고려할 뿐 아니라, 장애인 신자들 자신이 그리스도의 몸의 일부로서 선교적 소명을 수행하도록, 그들의 소명을 인식하고 확언하고 그들을 격려할 것을 권면한다.

C. 우리는 너무 많은 장애인이, 장애의 원인이 개인적인 죄, 믿음의 부족 혹은 치유받으려는 마음이 없기 때문이라고 들어온 데 대해 애통해한다. 우리는 성경이 이것을 보편적 진리로 가르친다는 말을 부정한다.[66] 이와 같은 거짓된 가르침은 목

---

(65) 고후 5:16.

회적으로 무감각하고 영적으로 무가치한 것이다. 이러한 가르침은 장애인이 직면하는 다른 장벽들에다가 죄책감과 좌절감을 부가할 뿐이다.

D. 우리는 우리의 교회들을 장애인을 위한 포용과 평등의 장소로 만드는 일에 헌신하며, 사회에서 장애인의 편에 서서 편견에 저항하고 그들의 필요를 변호하는 데 헌신한다.

5. 에이즈를 앓는 사람들을 위한 그리스도의 평화

HIV와 에이즈는 수많은 나라들에서 주된 위기의 원인이 되고 있다. 많은 신자들을 포함하여 수백만 명의 사람들이 HIV에 감염된 상태이며, 수백만 명의 어린이들이 에이즈로 인해 고아가 되었다. 하나님은, HIV에 감염된 사람들과 감염시킨 사람들, 그리고 생명을 구하고자 할 수 있는 모든 노력을 기울이는 이들을 향해 그분의 깊은 사랑과 긍휼을 보여 주도록, 우리를 부르신다. 우리는 예수님의 가르침과 모범이, 그리고 십자가와 부활의 변혁적 능력이, 세상이 긴급히 필요로 하는 HIV와 에이즈에 대한 통전적 복음의 응답에서 중심이 된다고 믿는다.

A. 우리는 HIV와 에이즈를 안고 살아가는 사람들에 대한 모든 정죄와 적대감, 오명, 그리고 차별을 거부하고 고발한다. 그

---

66) 요 9:1-3.

러한 일들은 그리스도의 몸 안에서는 죄이자 수치다. 우리 모두는 죄를 지었고, 하나님의 영광에 이르지 못했다. 우리는 은혜로만 구원을 받았다. 우리는 판단에는 더디어야 하고 회복과 용서에는 신속해야 한다. 우리는 또한 매우 많은 사람들이 자신들의 잘못 없이, 그리고 종종 다른 사람들을 돌보다가 HIV에 감염된다는 것을 슬픔과 긍휼의 마음으로 인지해야 한다.

B. 우리는 모든 목회자들이 바울이 명한 것처럼 성적 순결과 신실함의 모범이 되며, 결혼만이 성적 연합을 위한 공간임을 분명하게 더 자주 가르칠 것을 권고한다. 이것은 성경의 분명한 가르침이기 때문일 뿐 아니라, 만연한 혼외 성관계가 HIV 감염 국가에 그 바이러스를 급속히 퍼뜨린 주된 요인이기 때문에 필요하다.

C. 전 세계의 교회가 하나 되어 그리스도의 이름과 성령의 능력으로 이 도전에 맞서자. 우리 형제자매들과 함께 일어나서 HIV와 에이즈의 가장 큰 공격을 받는 지역에 대한 실제적 지원과 긍휼어린 보호(과부와 고아를 돌보는 것을 포함하여), 사회적·정치적 옹호, 교육 프로그램(특히 여성들의 능력을 강화하는 프로그램들), 그리고 지역적 상황에 적합한 효과적 예방책 제공을 추진하자. 우리는 이런 긴급하고 예언적인 행동을 교회의 총체적 선교의 일부로 여기며 이 일에 헌신한다.

6. 고통받는 창조세계를 위한 그리스도의 평화

하나님의 창조세계와 관련된 성경의 명령은 "케이프타운 신앙고백" 7장(A)에 명시되어 있다. 모든 인류는 하나님의 선한 창조세계의 풍성함을 지키는 청지기가 되어야 한다. 우리는 농업, 어업, 광업, 에너지 산업, 기술, 건축, 무역, 의료 등과 같은 영역에서 인간의 복지와 필요를 위해 창조세계를 사용함으로써 신적 통치를 수행하는 권한을 위임받았다. 우리는 또한 그 일을 수행하면서 이 땅과 그 안의 모든 피조물들을 돌보라는 명령을 받았다. 이 땅은 우리가 아닌 하나님께 속한 것이기 때문이다. 우리는 모든 창조세계의 창조주이시며 주인이시고 보존자이시며 구속자이시고 상속자이신 주 예수 그리스도를 위해 그 명령을 수행한다.

우리는 생물의 다양성을 포함하여 이 땅의 자원들이 광범위하게 남용되고 파괴된 것을 애통해한다. 오늘날 물리적인 세계가 직면하고 있는 가장 심각하고 긴박한 도전은 아마도 기후 변화의 위협일 것이다. 기후 변화는 가난한 국가의 국민들에게 더 심각한 영향을 미친다. 극단적 기후는 가난한 국가에 더 혹독한 영향을 끼치며, 그 국민들은 이에 대응할 능력이 거의 없기 때문이다. 세계의 빈곤과 기후 변화, 이 둘은 함께 그리고 동등한 긴박함으로 논의되어야 한다.

우리는 전 세계 그리스도인들에게 다음과 같이 촉구한다.

A. 환경을 파괴하고 오염시키는 소비 습관을 거부하는 삶의 방식을 채택하자.

B. 합법적인 수단으로 정부를 설득하여, 환경 파괴와 잠재적인 기후 변화 이슈들에 대해서는 정치적 판단을 초월한 도덕적 책임을 가지게 하자.

C. 다음 두 부류의 그리스도인이 받은 선교적 소명을 인식하고 격려하자. (1) 농업, 산업, 의료를 통해 지구의 자원을 인간의 필요와 복지를 위해 올바르게 사용하는 일에 참여하는 그리스도인들, 그리고 (2) 환경 보호와 옹호를 통해 지구의 생물 서식지와 종을 보호하고 회복시키는 일에 참여하는 그리스도인들, 이들은 모두 같은 창조주, 공급자, 구속자를 섬기고자 하는 동일한 목표를 지니고 있다.

IIC 타종교인들 속에서 그리스도의 사랑을 실천하기

1. "네 이웃을 네 몸과 같이 사랑하라"는 명령은 타종교인들을 포함한다

"케이프타운 신앙고백" 7장(D)의 선언을 고려할 때, 우리는 예수 그리스도의 제자로서, 타종교인들을 성경적 의미의 이웃으로 여기도록 요구하시는 중요한 부름에 응답한다. 그들은 하나님의 형상으로 창조되었으며, 하나님이 사랑하시는 사람들이고, 그들의 죄를 위해 그리스도께서 죽으셨다. 우리는 그들을 우리의 이웃으로 보려고 노력할 뿐 아니라 그들의 이웃이 됨으로써 그리스도의 가르침에 순종하고자 한다. 우리는 온유하되 그저 순진하지는 않으며, 분별하되 쉽게 속지는 말며, 위협 앞에서 깨어 있지만 두려움에 지배당하지 않도록 부름받았다.

우리의 소명은 복음 전도를 통해 좋은 소식을 나누는 것이지, 비열한 개종 활동을 벌이는 것이 아니다. 복음 전도는 사도 바울의 본과 같이 설득력 있고 이성적인 논증을 포함하는 과정으로서 "공개적으로 정직하게 복음을 진술하고 그것을 듣는 이가 전적으로 자유롭게 자신의 의사에 따라 결단하게 하는 것이다. 우리는 다른 종교를 가진 사람들에 대해 민감하고자 하며, 그들의 회심을 강요하는 어떤 방법도 거부한다."[67] 이와는 대조적으로 개종은, 다른 이들을 강요하여 '우리처럼' 되게 하거나, '우리 종교를 받아들이게' 하거나, '우리 교파에 소속되게' 만드는 일이다.

A. 우리는 우리의 모든 복음 전도 활동이 윤리적인 행위가 되도록 세심한 주의를 기울인다. 우리의 증거는 '온유와 존중과 선한 양심을 가진' 모습으로 드러나야 한다.[68] 따라서 우리는 강제적이거나 비윤리적이거나 속임수를 사용하거나 상대를 존중하지 않는 복음 증거는 어떤 형태든 거부한다.

B. 우리는 사랑의 하나님의 이름으로 무슬림, 힌두교인, 불교인, 그리고 다른 종교 배경을 지닌 사람들과 친구가 되지 못한 것을 회개한다. 예수님의 영 안에서 우리는 솔선하여 타종교인들에게 사랑과 선의와 환대를 보여 줄 것이다.

C. 우리는 진리의 하나님의 이름으로 (1) 타종교에 관한 거짓과 왜곡을 조장하는 행위를 거부하고, (2) 대중매체와 정치적 수사를 통해 인종차별적 편견과 증오와 공포를 일으키는 것을 고발하고 이에 저항한다.

D. 우리는 평화의 하나님의 이름으로, 폭력적인 공격을 당하는 경우에라도 타종교인들을 대하는 모든 관계에서 폭력과 복수의 길을 거부한다.

---

67) 마닐라 선언, 12장.
68) 벧전 3:15-16. 행 19:37과 비교하라.

E. 우리는 타종교인들과의 대화가 의미 있는 활동임을 확언한다. 바울도 회당과 공공 장소에서 유대인들이나 이방인들과 논쟁을 벌였다. 이러한 대화는 기독교 선교의 일부로서 타당한 것이며, 그리스도의 유일성과 복음의 진리에 대한 확신이 타인에 대한 경청의 태도와 결합된 모습이다.

2. 그리스도의 사랑은 우리에게 복음을 위해 고난당하고 때로는 죽음을 감수하도록 요구한다

그리스도의 증인으로서 선교에 참여할 때 우리는 고난을 피할 수 없다. 그리스도의 사도들과 구약의 예언자들도 마찬가지였다.[69] 기꺼이 고난을 받는 것은 우리의 선교가 참된 것임을 증명하는 명백한 표지다. 하나님은 그분의 선교를 진전시키기 위해 고난과 박해와 순교를 사용하기도 하신다. "순교는 그리스도께서 특별히 귀중하게 여기겠다고 약속하신 증인됨의 한 방식이다."[70] 편안하고 부유한 삶을 살고 있는 많은 그리스도인들은, 그리스도를 위해 기꺼이 고난받으라는 그분의 부르심에 다시 귀를 기울여야 한다. 왜냐하면 다른 많은 신자들이 적대적인 종교문화 속에서 예수 그리스도를 증거하는 대가로 그러한 고난을 받고 있기 때문이다. 그들은 신실한 순종 때문에 사랑하는 사람들이 순교하는 것을 보기도 하고 고문이나 박해도 견뎌야 했지만, 자신들에게 해

---

69) 고후 12:9-10; 4:7-10.
70) 마닐라 선언, 12장.

를 입힌 사람들을 계속해서 사랑하고 있다.

A. 우리는 복음을 위해 고난받는 사람들의 간증을 눈물과 기도 가운데 듣고 기억한다. 그들과 함께 우리는 그리스도께서 우리에게 명령하신 것처럼 "우리의 원수를 사랑하기" 위해 은혜와 용기를 간구한다. 우리는 복음 증거자들에게 매우 적대적인 곳에서도 복음이 열매 맺기를 기도한다. 고난받는 자들을 위해 올바르게 슬퍼하면서, 우리는 하나님의 사랑과 복음, 그리고 그분의 종들을 거부하고 거절하는 이들에 대해 하나님이 느끼시는 무한한 슬픔을 기억한다. 우리는 그들이 회개하고 용서받으며 하나님과 화해하는 기쁨을 발견하기를 간절히 바란다.

3. 행동하는 사랑은 은혜의 복음을 몸으로 나타내고 매력 있게 만든다

"우리는 그리스도의 향기다."[71] 우리의 소명은 타종교인들 속에서 하나님의 은혜의 향기가 가득한 모습으로 살고 그들을 섬김으로써, 하나님이 선하신 분임을 타종교인들이 느끼고 보게 하는 것이다. 우리는 그러한 몸으로 나타낸 사랑을 통해 어떤 문화적·종교적 상황에서든지 복음을 매력 있게 만들 수 있다. 그리스도인들이 사랑의 삶과 섬김의 행위를 통해 타종교인들을 사랑할 때, 하나님의 변화시키는 은혜가 구체화된다.

---

71) 고후 2:15.

수치와 복수가 종교적 율법주의와 결합되어 있는 '명예'의 문화에서는, '은혜'는 낯선 개념이다. 이런 상황에서는 하나님의 유약하고 자기희생적인 사랑에 대한 논쟁은 부적절하다. 그것은 너무 낯설어서 심지어 거부감을 일으킬 수도 있다. 이런 곳에서는 너무도 은혜에 굶주린 나머지 감히 은혜를 맛보고자 하는 사람들만이, 오랜 기간에 걸쳐 조금씩 은혜의 감각을 체득할 뿐이다. 그리스도의 향기는 그분을 따르는 사람들이 접촉하는 모든 이들에게 조금씩 스며든다.

A. 우리는 하나님이 은혜로 충만한 남녀 그리스도인들을 더 많이 일으켜 세워 주시기를 소원한다. 이들이 타종교가 지배하는 어려운 곳에서 오랫동안 살며 사랑하고 섬길 때, 위험하고 복음이 환영받지 못하는 문화 속에서도 예수 그리스도의 은혜가 그 향기와 맛을 드러내게 된다. 이런 삶은 인내와 오래 참음을 요구하며, 때로는 전 생애와 목숨까지도 바쳐야 하는 삶이다.

4. 사랑은 제자도의 다양성을 존중한다

소위 '내부자 운동'(insider movements)은 여러 종교 안에서 발견된다. 이들 집단은 예수님을 그들의 하나님과 구원자로 추종한다. 그들은 소그룹으로 모여 예수님과 성경을 중심으로 한 친교, 가르침, 예배, 기도를 실행하면서도, 동시에, 날 때부터 속한 공동체에 사회적·문화적으로 동화되어 살며 그 문화의 종교적 관습들도 그대로 지키고 있다. 이는 복잡한 현상이며, 이에 대한 반응들도 차이가 크다. 어떤 이들은 이 운동을 권장하지만, 어떤 이들은 그들의 혼합주의를 경계한다. 혼합주의는 그리스도인들이 자신의 문화 속에서 신앙을 표현할 때 항상 직면하게 되는 위험이다. 하나님이 우리가 예상치 못한 생소한 방식으로 일하시는 것을 볼 때, (1) 서둘러 그것을 하나의 새로운 선교 전략으로 받아들여 장려하거나, (2) 상황에 대한 민감한 귀기울임 없이 성급하게 비난하는 태도를 피해야 한다.

A. 우리는, 안디옥에 도착해 "하나님의 은혜를 보고 기뻐하여 모든 사람에게 굳건한 마음으로 주와 함께 머물러 있으라"고 권했던[72] 바나바의 심정으로, 이 문제에 직면한 모든 사람들에게 권고한다.
 1. "이방인 중에서 하나님께로 돌아오는 자들을 괴롭게 하지 말아야 한다"[73]라는 사도의 결정과 모범을 주요 지도 원리로 받아들이자.
 2. 관점의 다양성을 인식하고 겸손과 인내와 온유를 실천하며, 시끄러움과 상호 비난을 삼가며 서로 대화하자.[74]

---

72) 행 11:20-24.
73) 행 15:19.
74) 롬 14:1-3.

5. 사랑은 흩어져 있는 사람들을 향해 나아간다

오늘날 전례 없는 인구 이동이 일어나고 있다. 이주는 우리 시대의 중대한 세계적 현실이다. 2억 명 정도의 인구가 자발적 또는 비자발적으로 모국을 떠나 살고 있는 것으로 추정된다. '디아스포라'(diaspora)라는 말은 어떤 이유에서건 자신들의 출생지를 떠난 사람들을 가리키는데, 그리스도인을 포함하여 다양한 종교적 배경을 지닌 수많은 사람들이 디아스포라로 살고 있다. 일자리를 찾는 경제적 이주자들, 전쟁이나 자연재해로 인한 국내 이주민들, 난민과 망명자들, 인종청소의 희생자들, 종교적 폭력과 박해를 피해 도망친 사람들, 가뭄이나 홍수, 전쟁으로 인한 기근 피해자들, 도시로 이주한 빈농들이 모두 그런 이들이다.

우리는 현대의 이주 현상과 관련된 악과 고통을 무시하지 않지만, 그 현실이 하나님의 주권적인 선교적 목적 안에 있음을 확언한다.[75]

A. 우리는 교회 및 선교 지도자들이 세계적인 이주 현실과 디아스포라 공동체가 제공하는 선교적 기회들을 인식하고, 전략적인 계획을 수립하며, 디아스포라 공동체 사역으로 부름받은 사람들을 집중 훈련하고 자원을 제공함으로써 그 기회에 반응할 것을 권고한다.

B. 우리는 다양한 종교 배경을 지닌 이주자 공동체와 국제 학

---

75) 창 50:20.

생 및 학자들이 머무는 국가의 그리스도인들이, 행위와 말로써 그리스도의 사랑을 대항문화적으로 증거할 것을 권면한다. 그것은 이방인을 사랑하고, 외국인의 처지를 변호하며, 갇힌 자를 돌아보고, 환대를 실천하고, 우정을 나누고, 그들을 우리의 가정으로 초청하고, 돕고 섬기라는 성경의 풍부한 명령들에 순종함으로써 이루어진다.[76]

C. 우리는 디아스포라 공동체에 속한 그리스도인들에게, 비록 자신들이 선택하지 않은 환경이라 할지라도 그 안에서 하나님의 손길을 분별하라고 권면한다. 그리고 그들이 머물고 있는 사회 공동체 안에서 그리스도를 증거하도록 하나님이 주시는 기회를 선용하며, 그 공동체의 복지를 추구하라고 권면한다.[77] 만일 그 나라에 이미 기독교 교회들이 존재한다면, 이주민 교회와 토착 교회가 서로 경청하고 배우며, 그 나라의 모든 영역에 복음으로 영향을 끼치는 사역을 협력하여 전개할 것을 촉구한다.

6. 사랑은 모든 사람의 종교적 자유를 위해 일한다

인권을 지지하기 위해 종교의 자유를 옹호하는 것은 박해에 직면

---

76) 레 19:33-34; 신 24:17; 룻 2; 욥 29:16; 마 25:35-36; 눅 10:25-37; 14:12-14; 롬 12:13; 히 13:2-3; 벧전 4:9.
77) 렘 29:7.

하여 십자가의 길을 따르는 것과 모순되지 않는다. 그리스도를 위하여 개인적으로 기꺼이 자신의 인권 침해와 상실을 받아들이는 것과, 인권이 짓밟히는 상황에서도 목소리를 낼 수 없는 사람들을 옹호하며 발언하는 것 사이에는 결코 당착이 없다. 또한 우리는 타종교인들의 권리를 옹호하는 것과 그들의 신앙이 옳다고 인정하는 것은 서로 다른 것임을 알아야 한다. 우리는 타종교를 진리로 받아들이지 않더라도 타종교인들의 신앙과 실천의 자유를 옹호할 수 있다.

A. 모든 사람의 종교적 자유라는 목표를 위해 노력하자. 이것은 우리로 하여금 박해를 받고 있는 그리스도인들과 타종교인들을 대신하여 정부를 향해 발언하도록 요구한다.

B. 선한 시민이 되라는 성경적 가르침에 전심으로 순종하자. 우리가 사는 나라의 복지를 추구하고, 권위를 가진 자들을 존중하고 그들을 위해 기도하며, 세금을 내며, 선을 행하고, 평화롭고 평온한 삶을 추구하자. 그리스도인은 국가가 하나님이 금하신 것을 명령하지 않고 하나님이 명령하신 것을 금하지 않는다면, 국가에 순종하도록 부름받았다. 국가가 우리에게 국가에 대한 충성과 하나님에 대한 더 큰 충성 가운데 하나를 택하라고 강요한다면, 우리는 이미 주님이신 예수 그리스도께 '예'라고 말했으므로 국가에 대해서는 '아니오'라고 말해야 한다.[78]

모든 사람의 종교적 자유를 위해 우리는 모든 합법적 노력을 다하겠지만, 우리의 마음속 가장 깊은 열망은 모든 사람이 주 예수 그리스도를 알게 되고, 자유로이 그분을 믿고, 구원을 받으며, 하나님 나라에 들어가게 되는 것이다.

---

78) 렘 29:7; 벧전 2:13-17; 딤전 2:1-2; 롬 13:1-7; 출 1:15-21; 단 6; 행 3:19-20; 5:29.

IID 세계 복음화를 위한 그리스도의 뜻을 분별하기

1. 미전도 종족과 미접촉 종족

하나님은 모든 사람이 하나님의 사랑과 예수 그리스도를 통한 그분의 구원 사역에 대한 지식을 갖게 되기를 바라신다. 우리는 그리스도인들의 증거가 미치지 못하여 아직도 그러한 지식에 접근할 수 없는 수천의 종족 집단이 세상에 존재하는 것을 슬프고 부끄러운 마음으로 인식한다. 그들을 미전도(unreached) 종족이라고 부르는데, 그들 가운데 알려진 신자들이나 교회가 없다는 의미다. 이 종족들 중 다수는 또한, 현재까지 알려진 바로는, 그들에게 복음을 전하려고 시도하는 교회나 선교단체가 없다는 점에서 미접촉(unengaged) 종족이다. 그럼에도 가장 소외된 이 미전도 종족들을 위해 동원되는 교회의 인적·물적 자원은 아주 미미하다. 이들은 결코 우리에게 복음을 들고 오라고 요청하지 않을 것이다. 그것을 전혀 알지 못하기 때문이다. 그러나 예수님이 모든 나라들을 제자 삼으라고 우리에게 명령하신 지 이천 년이 지난 지금, 그들의 존재는 우리의 불순종에 대한 책망이며 영적인 불공정의 현실일 뿐 아니라 소리 없는 "마케도니아 사람의 요청"이다.

전 세계 교회가 한마음으로 일어나 이 도전에 응답하자.

A. 이 세계에 수많은 미전도 종족들이 계속 존재하는 현실에 눈멀었던 것과, 그들과 복음을 나누는 일을 긴박한 일로 여기지 않았던 것을 회개하자.

B. 아직 복음을 듣지 못한 사람들에게 가고, 그들의 언어와 문화에 깊이 참여하고, 성육신적 사랑과 희생적 봉사의 삶으로써 그들 가운데 복음을 나타내며, 주 예수 그리스도의 빛과 진리를 말과 행위로 전하며, 성령의 능력을 통해 그들로 하여금 하나님의 놀라운 은혜에 눈뜨게 하는 일에 우리의 헌신을 새롭게 하자.

C. 성경은 복음 전도에 필수적이므로, 이 세상에서 성경이 없는 가난을 뿌리 뽑자. 이를 위해 우리는,
  1. 아직 하나님 말씀의 일부도 자신들의 언어로 갖지 못한 종족들을 위해 그들의 언어로 성경 번역하는 일을 서둘러야만 한다.
  2. 성경의 메시지가 구전적 수단들을 통해 널리 전파되게 해야만 한다(아래의 '구술 문화' 항목을 보라.)

D. 성경은 신자들을 제자 삼아 그리스도를 닮게 하는 데 필수적이므로, 교회 안에 있는 성경에 대한 무지를 뿌리 뽑자.
  1. 우리는 모든 하나님의 교회가 성경을 가르치는 일의 중

대함에 대해 새로운 확신에 사로잡히게 되기를 소원한다. 성경은 교회의 사역과 연합과 성숙에 필수적이다.[79] 우리는 그리스도께서 목회자-교사로 교회에 주신 모든 이들의 은사 발휘를 기뻐한다. 우리는 하나님의 말씀을 선포하고 가르치는 일에서 목회자-교사들을 발굴하고 격려하고 훈련하고 지원하기 위해 모든 노력을 기울일 것이다. 그러나 그렇게 하는 가운데 하나님의 말씀 사역을 소수의 유급 전문가의 일이나 교회 강단에서 공식적인 설교를 하는 일로 제한하는 일종의 성직주의는 거부해야만 한다. 하나님의 백성을 목양하고 가르치는 데 분명한 은사가 있는 많은 남녀들이, 형식에 얽매임 없이 혹은 교단의 공식적인 임명 없이도, 하나님의 성령이 주시는 분명한 복으로 자신들의 은사를 발휘하고 있다. 그들 역시 인정을 받고 격려를 받아야 하며, 또한 하나님의 말씀을 바르게 다룰 수 있도록 구비되어야 한다.

2. 우리는 책보다는 디지털 방식의 의사소통에 익숙한 세대가 더 나은 성경 이해 능력을 가지도록 도와야 한다. 디지털 도구를 활용한 귀납적 성경 연구를 장려하고, 현재 종이와 펜과 연필로 하는 성경 연구만큼 깊이 있는 탐구를 하도록 도와야 한다.

E. 복음 전도를 온전히 통합된 우리의 모든 선교 활동의 중심

---

79) 엡 4:11-12.

에 두자. 복음이야말로 성경적으로 타당한 모든 선교의 원천이요 내용이자 권위이기 때문이다. 우리가 행하는 모든 것은 하나님의 사랑과 은혜의, 그리고 예수 그리스도를 통한 하나님의 구원 사역의 구현이며 선포여야 한다.

2. 구술 문화

전 세계 인구 중 다수가 구술적 의사소통 방식을 사용하며, 문자적 수단들을 통해 배울 수 없거나 배우지 않는다. 그들의 절반 이상은 앞서 정의한 미전도 종족들이다. 이들 가운데 자신들의 언어로 된 성경이 한 구절도 없는 인구가 3억 5천만 명 정도로 추정된다. 이런 '일차적 구술 학습자들' 외에도 많은 '이차적 구술 학습자들'이 있다. 이들은 엄밀한 의미에서 문맹은 아니지만, 의사소통에서 시각적 학습이 중요해지고 이미지의 역할이 지배적이 되면서 구술적 의사소통을 더 선호하게 된 사람들이다.

우리는 구술의 문제를 인식하고 다음과 같이 실천하자.

A. 읽고 쓸 수 있는 신자들의 경우까지도 포함하여 제자 훈련 프로그램에서 구술적 방법을 더 많이 사용하자.

B. 우선적으로 미전도 미접촉 종족 집단의 핵심 언어들로 구술 이야기 성경을 만들어 내자.

C. 선교단체로 하여금 구술 전략들을 개발하도록 격려하자.

이 전략에는 복음 전도와 제자 훈련과 리더십 훈련에 사용할 수 있는 성경 이야기를 녹음하여 배포하는 것, 전도자들과 교회 개척자들에게 적절한 구술 훈련을 제공하는 것이 포함된다. 그들은 스토리텔링, 춤, 예술, 시, 암송, 그리고 연극 등 온전한 성경의 구원 이야기를 전하는 데 효과적인 구술적·시각적 의사소통 방식들을 사용할 수 있다.

D. 남반구의 지역 교회들이 그 지역의 미전도 종족 집단들에게 각 종족의 세계관에 맞는 구술적 방법들을 통해 나아가도록 격려하자.

E. 신학교들이 목회자들과 선교사들에게 구술적 방법론에 대한 훈련을 제공하는 교육과정을 만들도록 장려하자.

3. 그리스도 중심의 지도자들

많은 지역의 급속한 교회 성장이 피상적이고 취약한 성장이 되는 이유는 한편으로는 제자화된 지도자들이 부족하기 때문이고, 다른 한편으로는 많은 이들이 세속적인 권력과 높은 신분을 얻기 위해, 또는 개인적 축재를 위해 그들의 지위를 이용하기 때문이다. 그 결과 하나님의 백성들은 고통을 겪고, 그리스도는 수치를 당하고, 복음 선교는 훼손되고 있다. 종종 '리더십 훈련'이 중요한 해결책으로 제안된다. 실제로 온갖 종류의 리더십 훈련 프로그램들이 늘어나고 있지만, 두 가지 이유 때문에 문제는 여전히 남아 있다.

첫째, 훈련을 통해 지도자들을 경건하고 그리스도를 닮은 사람으로 만들려는 것은 순서가 바뀐 것이다. 성경적으로 보면, 삶을 통해 이미 성숙한 제자도의 기본적인 특징을 드러내는 사람들이 지도자로 세워져야 한다.[80] 그러나 오늘날 지도자의 지위에 있는 많은 사람들이 제자의 모습을 거의 드러내지 못하고 있다면, 그들의 리더십 계발에 기본적 제자 훈련을 포함시키는 것 외에는 대안이 없다. 오늘날 세계 교회에 그리스도를 닮지 않은 세속적인 리더십이 만연한 것은, 여러 세대에 걸친 축소된 복음 전도와 제자 훈련의 소홀과 피상적인 성장의 부끄러운 결과일 것이다. 리더십 실패에 대한 해결책은 더 많은 리더십 훈련이 아니라 더 나은 제자 훈련이다. 지도자는 먼저 그리스도의 제자여야 한다.

둘째, 어떤 리더십 훈련 프로그램은 경건한 성품은 소홀히 하고 지식과 방법론과 기술 전달에 초점을 두고 있다. 이와는 대조적으로 진정한 기독교 지도자들은 종의 심성과 겸손, 온전함과 순결함, 탐욕 없는 마음과 기도, 하나님의 영에 대한 의존과 인간에 대한 깊은 사랑을 지닌 그리스도를 닮은 이들이다. 나아가 어떤 리더십 훈련 프로그램은, 바울이 지도자의 자질 목록에 포함시킨 가장 중요한 기술, 곧 하나님의 말씀을 그분의 백성들에게 가르치는 능력에 대한 구체적인 훈련이 결여되어 있다. 성경을 가르치는 기술은 제자 삼는 사역을 위한 최상의 수단이지만, 오늘날의 교회 지도자들에게는 가장 심각하게 결여된 부분이다.

---

80) 딤전 3:1-13; 딛 1:6-9; 벧전 5:1-3.

A. 우리는 제자 삼는 사역이 크게 강화되는 것을 보기를 원한다. 새신자에 대한 장기간의 가르침과 양육이 이루어져서, 장차 하나님이 교회의 지도자로 부르시고 세우실 이들이 성숙함과 종됨에서 성경적 기준에 부합하게 되기를 소원한다.

B. 우리는 지도자들을 위한 기도에 헌신할 것을 새롭게 다짐한다. 우리는 하나님이 성경에 순종하는 신실한 지도자들을 더 많이 보내시고 그들을 보호하며 격려해 주시길 소원한다. 우리는 하나님의 이름을 더럽히며 복음을 훼손하는 지도자들을 꾸짖으시고, 제거하시며, 회개로 이끄시길 기도한다. 또한 새로운 세대로부터 그리스도를 알고 그분을 닮으려는 열망을 최우선으로 삼는, 제자이며 종인 지도자들을 일으키시기를 기도한다.

C. 기독교 지도자의 위치에 있는 우리는, 자신의 연약함을 인정하고 그리스도의 몸 안에서 지체늘이 제공하는 권고(accountability)의 은사를 받아들여야 한다. 우리는 이러한 권고자들의 말에 순종할 것을 권면한다.

D. 우리는 신학교들과 리더십 훈련 프로그램을 실시하는 모든 이들에게 지식 전달이나 점수를 매기는 일보다는 영성과 인격 형성에 좀더 초점을 맞출 것을 강하게 권고한다. 그리고 우리는 이미 그것을 실천하면서 포괄적인 '전인적' 리더십 계발을 추구하고 있는 사람들로 인하여 기뻐한다.

4. 도시

도시는 인간의 미래와 세계 선교에 결정적으로 중요하다. 현재 전 세계 인구의 절반이 도시에 거주하고 있다. 도시에는 다음 네 부류의 중요한 사람들이 살고 있다: (1) 차세대 젊은이들, (2) 이주한 미전도 종족, (3) 문화 형성자들, (4) 최하층의 가난한 사람들.

> A. 우리는 우리 시대에 일어난 거대한 도시화의 흐름 속에서 하나님의 손길을 발견한다. 그러므로 전 세계의 교회와 선교 지도자들이 도시 선교에 긴급히 전략적 관심을 기울임으로써 이러한 현실에 대응할 것을 촉구한다. 하나님이 도시를 사랑하시듯이 우리도 거룩한 분별력과 그리스도의 긍휼로 도시를 사랑하고, 그곳이 어디든 "그 성읍의 평안을 구하라"는 그분의 명령에 순종해야 한다. 우리는 도시의 현실에 적합한 유연한 선교 방법들을 배우고자 노력할 것이다.

5. 어린이

모든 어린이들이 위험에 처해 있다. 전 세계에 대략 20억 명 정도의 어린이들이 있는데, 그들 중 절반은 빈곤의 위험에 처해 있고, 수백만 명의 어린이들은 풍요의 위험에 처해 있다. 부유하고 안전한 환경에서 살고 있는 어린이들은, 모든 것을 누리고 있으나 삶의 목적은 상실한 채 살고 있다.

어린이들과 젊은이들은 내일의 교회일 뿐 아니라 오늘의 교회다. 젊은이들은 하나님의 선교를 활발히 수행할 수 있는 막대한 잠재력을 지니고 있다. 그들은 하나님의 음성에 민감하고 기꺼이 그 음성에 순종하려는 마음을 지니고 있으며, 장차 영향력을 발휘할 수많은 사람들이 그들로부터 나올 것이다. 우리는 어린이들 사이에서 그들과 함께 섬기는 훌륭한 사역들을 기뻐하고, 이 긴요한 사역이 확장되기를 소원한다. 성경에서 보듯이 하나님은 사람들의 마음을 움직이기 위해 어린이들과 젊은이들 — 그들의 기도와 통찰력, 그들의 말과 진취성 — 을 사용하실 수 있고, 또 실제로 사용하신다. 그들은 세상을 변화시킬 '새로운 에너지'를 대표한다. 어른들의 합리주의적인 태도로 그들의 어린아이같은 영성을 억누르지 말고, 그들의 말을 경청하자.

이를 위해 우리는 다음과 같이 헌신한다.

A. 어린이를 중요하게 여긴다. 어린이를 향한, 그리고 어린이들을 통해 나타나는 하나님의 사랑과 목적에 대해 신선한 성경적·신학적 질문을 던진다. 그리고 "어린아이 하나를 데려다가 그들 가운데" 세우신[81] 예수님의 도전적인 행위의 심오한 신학적·선교적 의미를 재발견한다.

B. 전 세계 어린이의 필요를 채우기 위해 사람들을 훈련하고 자원들을 제공하려고 노력한다. 다음 세대의 어린이와 젊은이를 위한, 그리고 그들을 통한 통전적인 사역이 세계 선교의 핵

---

81) 막 9:33-37.

심 요소라는 확신을 갖고, 가능한 곳이면 어디서나 가족이나 공동체와 협력하며 어린이들의 필요를 채우는 일에 힘쓴다.

C. 어린이에 대한 폭력, 착취, 노예화, 인신매매, 매춘, 성차별과 인종차별, 상업적 이용, 고의적인 유기 등 어린이 학대의 모든 실상을 폭로하고 그에 대항하며 반대하는 행동을 취한다.

6. 기도
이 모든 우선순위들 중 무엇보다도 기도에 새로이 헌신하자. 기도는 소명이자 명령이며 선물이다. 기도는 우리 선교의 모든 요소들을 위한 필수적인 토대이며 자원이다.

A. 우리는 한마음으로, 초점을 맞추어, 끈질기게, 그리고 분명한 성경적 지식에 근거해 기도할 것이다.
  1. 하나님이 성령의 능력 가운데 세계 곳곳으로 일꾼들을 보내 주시기를.
  2. 복음 진리의 선포와 그리스도의 사랑과 능력을 나타냄을 통해, 모든 종족과 모든 지역에서 잃어버린 자들이 하나님의 영을 힘입어 그분께 나아오기를.
  3. 하나님 백성의 성품과 행위와 말로 인해 하나님의 영광이 드러나고 그리스도의 이름이 알려지고 찬양받으시기를. 또한 우리는 그리스도의 이름 때문에 고난받고 있는 형제자매들을 위해 부르짖을 것이다.

4. 하나님 나라가 임하며 하나님의 뜻이 하늘에서와 같이 땅에서도 이루어지기를. 우리가 속한 사회 공동체 안에 정의가 바로 서고, 청지기 직분이 바르게 수행되고, 창조 세계가 돌봄을 받으며, 하나님의 평화의 복이 임하기를.

B. 우리는 나라들 가운데서 일하시는 하나님께 끊임없이 감사를 드리며, 이 세상 나라가 우리 하나님과 그리스도의 나라가 될 그날을 바랄 것이다.

IIE 그리스도의 교회가 겸손과 정직과 단순성을 회복하기

성경에서 '걷는 것'은 삶의 방식과 일상의 행위를 표현하는 은유다. 바울은 에베소서에서 일곱 번에 걸쳐 그리스도인들이 어떻게 걸어야 하는지, 또 어떻게 걸어서는 안 되는지를 언급한다.[82]

1. 하나님의 새로운 인류로서 구별되어 걸어가기[83]

하나님의 백성은 주님의 길을 따라 걷거나, 아니면 다른 신들의 길을 따라 걷는다. 성경은 하나님의 가장 큰 문제가 이 세상의 나라들과 관련한 것이 아니라, 그분이 나라들을 위한 복의 통로로 창조하고 부르신 백성들과 관련한 것임을 보여 준다. 그리고 선교의 성취를 가로막는 가장 큰 장애물도 하나님 백성의 우상숭배다. 우리를 부르신 목적이 나라들로 하여금 유일하고 참되고 살아 계신 하나님을 예배하게 하는 것인데, 우리 자신이 주위의 거짓 신들을 따른다면, 우리는 그 목적에 비참하게 실패하는 것이기 때문이다.

---

82) 다양하게 번역되지만 다음의 본문들은 모두 "걸어간다"라는 동사를 사용하고 있다. 엡 2:2, 10; 4:1, 17; 5:2, 8, 15장.
83) 엡 4:17-32.

그리스도인과 비그리스도인의 행위에 아무런 차이가 없다면, 예를 들어, 부패와 탐욕, 성적 방종과 이혼율, 기독교 이전의 종교 관습으로 돌아감, 다른 인종들에 대한 태도, 소비주의적인 삶의 방식, 사회적 편견 같은 것에서 구별되지 않는다면, 세상이 우리 기독교 신앙의 실효성에 대해 의문을 가지는 것이 당연하다. 우리의 메시지는 우리를 지켜보는 세상 앞에서 어떤 진정성도 가지지 못할 것이다.

A. 우리는 각 문화에 속한 하나님의 백성으로서 서로에게 도전한다. 우리가 의식적으로나 무의식적으로 주위의 우상들에 사로잡혀 있는 현실을 직면하자. 그리고 교회 안에 존재하는 거짓 신들을 규명하고 폭로하는 예언자적 분별력을 주시도록 기도하며, 주 예수의 이름과 권세를 힘입어 회개하고 우상숭배를 버릴 수 있는 용기를 간구하자.

B. 성경적 삶이 없이는 성경적 선교도 없다. 그러므로 우리는 긴박한 마음으로 성경적 삶에 재헌신한다. 우리는 그리스도의 이름을 고백하는 모든 이들에게 세상의 방식들과 급진적으로 구별된 삶을 살도록 도전하며, "하나님을 따라 의와 진리의 거룩함으로 지으심을 받은 새 사람을 입으라"고 권고한다.

2. 문란한 성행위의 우상을 거부하고 사랑 안에서 걸어가기[84]

창조시에 하나님은 결혼한 한 남자와 한 여자 사이의 헌신적이고 신실한 관계로 설계하셨다. 결혼을 통해 그들은 한 몸이 되고, 출생시의 가족과 구별된 새로운 사회적 연합을 이룬다. 또한 이러한 "한 몸"의 표현인 성적 결합은 오직 결혼 관계 안에서만 즐길 수 있게 하셨다. 결혼을 통해 "둘이 하나가 되는" 이 사랑의 성적 연합은 또한 교회와 그리스도의 관계, 그리고 새로운 인류 안에서 이루어지는 유대인과 이방인의 하나됨을 반영한다.[85]

바울은, 하나님 사랑의 순결함과 문란한 성행위로 나타나는 거짓 사랑과 그에 따르는 모든 것의 추함을 대조한다. 성경이 규정하는 결혼을 벗어난 혼전성관계나 혼외정사를 포함해 모든 종류의 문란한 성행위는, 하나님의 뜻과 조화되지 않으며 복된 선물의 모조품에 불과하다. 문란한 성행위를 둘러싼 성의 남용과 우상숭배는 결혼과 가족의 해체를 포함하여 더 광범위한 사회적 몰락을 초래하며, 고독과 착취로 인한 수많은 고통을 낳는다. 문란한 성행위는 교회 안에서도 심각한 이슈이며, 비극적이게도, 지도자들의 실패를 낳는 빈번한 원인이 되고 있다.

우리는 이 부분의 실패를 경계하며 더욱 겸손할 필요가 있다. 우리는 그리스도인들이 성경이 요구하는 기준에 따라 삶으로써 주변 문화에 도전하는 모습을 보기를 소원한다.

A. 우리는 목회자들에게 강력히 권고한다.
  1. 교회 안에서 성에 관해 더 열린 대화를 나누도록 도우라.

---

84) 엡 5:1-7.
85) 엡 5:31-32; 2:15.

건강한 관계와 가정 생활을 위한 하나님의 계획을 좋은 소식으로서 적극적으로 선포할 뿐 아니라, 그리스도인들이 우리 주변의 깨어진 역기능적인 문화에 참여하고 있는 부분을 목회적으로 정직하게 언급하라.
2. 하나님의 기준을 분명하게 가르치되, 죄인들을 향한 그리스도의 목회적 긍휼을 품고 가르치라. 성적 유혹과 죄에 대해 우리 모두가 얼마나 연약한지를 인식하라.
3. 성경적 기준에 따라 살며 성적인 신실함의 모범이 되기 위해 노력하라.

B. 교회의 일원으로서 우리는 다음과 같이 헌신한다.
1. 신실한 결혼 생활과 건강한 가정 생활을 강화하기 위해 교회와 사회 안에서 우리가 할 수 있는 모든 것을 행한다.
2. 교회 안의 독신자, 홀로 된 이, 자녀 없는 이들의 존재와 소중함을 인식하고, 교회가 그리스도 안에서 그들을 환대하고 놀보는 가족이 되며, 그들이 교회의 사역 전 영역에서 은사를 온전히 발휘할 수 있도록 돕는다.
3. 주변 문화에 존재하는 포르노, 간음, 성적 문란 등 여러 가지 무질서한 성적 행태에 저항한다.
4. 어떤 이들을 동성애 행위로 이끄는 마음속 깊은 곳의 정체성 문제와 경험을 올바로 이해하고 다루기 위해 노력한다. 그리스도의 사랑과 긍휼과 정의로 그들에게 다가가며, 동성애자에 대한 모든 형태의 증오, 언어적·물리적 학대와 낙인 행위를 거부하고 정죄한다.

5. 하나님의 구속하시는 은혜는 변화와 회복의 가능성으로부터 어떤 사람이나 상황도 제외하지 않음을 기억한다.

3. 권력의 우상을 거부하고 겸손으로 걸어가기[86]

우리의 타락과 죄로 인해 권력은 종종 다른 사람들을 학대하고 착취하는 데 사용된다. 우리는 성, 인종, 혹은 사회적 지위의 우월함을 주장하면서 우리 자신을 높인다. 바울은 교만과 권력이라는 우상의 모든 표지들에 대항하며, 하나님의 영으로 충만한 사람들은 그리스도를 위해 서로에게 복종해야 한다고 요구한다. 이러한 상호 복종과 서로를 향한 사랑은 결혼과 가족 관계에서, 그리고 사회 경제적 관계에서 표현되어야 한다.

A. 우리는 모든 그리스도인 남편과 아내, 부모와 자녀, 고용인과 노동자들이 성경의 가르침을 따라 살며 "그리스도를 경외함으로 피차 복종하게" 되기를 소원한다.

B. 우리는 목회자들에게 신자들을 잘 도울 것을 권면한다. 하나님이 그 자녀들에게 요구하시는 상호 복종을 이해하고 정직하게 논의하며 실천하게 하라. 탐욕과 권력과 학대가 만연한 세상에서, 하나님은 그분의 교회가 온유한 겸손과 신자들 간의 이타적인 사랑의 장소가 되도록 부르신다.

---

86) 엡 5:15-6:9.

C. 우리는 특별히, 긴박한 마음으로 그리스도인 남편들을 향해 남편과 아내에 관한 바울의 가르침에 나오는 책임의 균형을 실행할 것을 요청한다. 상호 복종이란, 아내는 남편에게 복종하고, 남편은 예수 그리스도의 교회를 향한 자기희생적 사랑을 본받아 아내를 사랑하고 돌보는 것이다. 어느 문화에서든 어떤 형태로든 아내에 대한 언어적·정서적·육체적 학대는 그리스도의 사랑과 공존할 수 없다. 우리는 어떤 문화적 관습이나 왜곡된 성경 해석으로도 아내를 폭행하는 행위를 정당화할 수 없다고 주장한다. 이러한 행동이 목회자나 지도자를 포함해 그리스도인들 가운데서 발견되는 것에 대해 우리는 애통해 한다. 우리는 주저없이 그러한 행위를 죄라고 선언하며, 회개와 그 행위의 포기를 요구한다.

4. 성공의 우상을 거부하고 정직함 가운데 걸어가기[87]

우리는 부정식의 기초 위에 진리의 하나님 나라를 세울 수 없다. 그러나 우리는 '성공'과 '성과'를 갈망한 나머지 정직을 희생하라는 유혹을 받는다. 왜곡과 과장의 말도 결국 우리를 거짓으로 이끈다. 빛 가운데 걷는 삶은 "의로움과 진실함"을 지키는 것이다.[88]

A. 우리는 모든 교회와 선교 지도자들에게, 사역을 보고할 때

---

87) 엡 5:8-9.
88) 엡 5:9.

전적으로 진실하게 알리지 않으려는 유혹에 저항할 것을 요청한다. 확실치 않은 통계로 보고서를 과장하거나 무언가를 얻기 위해 진실을 왜곡할 때, 우리는 부정직한 것이다. 우리가 정직의 물로 씻어 정결케 되기를, 그리고 그러한 왜곡과 조작과 과장이 사라지기를 기도한다. 우리는 영적인 사역을 후원하는 모든 이들에게, 마땅한 책무의 범위를 넘어 측정 가능하고 가시적인 성과들을 비현실적으로 요구하지 말 것을 요청한다. 전적으로 정직하고 투명한 문화를 만들기 위해 분투하자. 주님은 중심을 보시며 정직을 기뻐하시므로, 우리는 하나님의 빛과 진리 가운데 걸어가기를 선택할 것이다.[89]

5. 탐욕의 우상을 거부하고 검소함 가운데 걸어가기[90]

설교와 가르침을 통해 전 세계에 만연해 있는 '번영 복음'은 심각한 우려를 일으킨다. 우리는 번영 복음을, 신자들이 건강과 부의 복을 받을 권리가 있으며, 믿음을 긍정적으로 고백하는 것과 돈과 물질을 드리는 '씨뿌리기'를 통해 이러한 복들을 얻을 수 있다는 가르침으로 규정한다. 번영에 대한 이와 같은 가르침은 모든 대륙에서 교파를 가리지 않고 나타나고 있다.[91]

우리는 기적을 통해 드러나는 하나님의 은혜와 능력을 받아

---

89) 대상 29:17.
90) 엡 5:5.
91) 로잔 신학위원회가 소집한 아프리카 신학자들이 내놓은 "아크로퐁 선언: 번영신학 비판"(The Akropong Statement: A critique of the Prosperity Gospel)의 전문을 참조하라. www.lausanne.org/akropong.

들이며, 살아 계신 하나님과 그분의 초자연적인 능력을 기대하며 확신하도록 이끄는 교회와 사역이 성장하는 것을 환영한다. 우리는 성령의 능력을 믿는다. 그러나 우리는 하나님의 기적적인 능력이 자동적인 것인 양 취급할 수 있다거나, 인간의 기술이나 말, 행동, 헌금, 물건, 의식에 좌우된다는 생각을 거부한다.

우리는 성경이 인간의 번영에 대한 비전을 담고 있으며, 하나님의 복에는 물질적인 복지(건강과 부 모두)가 포함된다고 가르침을 확인한다. 그러나 우리는 영적인 복지가 물질적인 복지에 의해 가늠될 수 있다고 하거나, 부는 언제나 하나님의 복의 표지가 된다는 가르침은 비성경적인 것으로 간주하고 거부한다. 성경은 부가 종종 억압이나 속임수나 부패에 의해서도 획득됨을 보여 준다. 우리는 또한 빈곤과 질병과 이른 죽음이 항상 하나님의 저주의 표지이거나, 믿음이 부족한 증거이거나, 또는 사람의 저주의 결과라는 주장도 거부한다. 성경은 그와 같이 단순한 설명을 거부하기 때문이다.

우리는 하나님의 능력과 승리를 찬양하는 것이 선한 일임을 받아들인다. 그러나 우리는 번영 복음을 열정적으로 전파하는 많은 이들의 가르침이 심각하게 성경을 왜곡하며, 그들의 행위와 삶의 방식이 종종 비윤리적이며 그리스도를 닮지 않았고, 진정한 복음 전도를 자주 기적 추구로 대체하고, 회개의 요구를 설교자가 이끄는 단체에 대한 헌금 요청으로 대체한다고 믿는다. 우리는 많은 교회들이 이 가르침 때문에 목회적으로 해를 입고 영적인 건강을 잃어 가는 것을 애통해한다. 우리는 그리스도의 이름으로 병든 자들을 치유하고 가난과 고통으로부터 항구적인 구출을 시도하는 모든 노력을 기쁜 마음으로 강력하게 지지한다. 번영 복음은 가난에 대한 항구적 해결책을 제공하지 않으며, 영원한 구원을 가져올 참된 메시지와 수단으로부터 사람들을 벗어나게 한다. 이런 이유로 번영 복음이 거짓된 복음임을 분명하게 말할 수 있다. 따라서 우리는 번영에 대한 지나친 가르침을 균형 잡힌 성경적 기독교와 양립하지 않는 것으로 여겨 거부한다.

A. 우리는 교회와 선교 지도자들에게 긴급히 권고한다. 번영 복음이 인기를 얻는 상황에서, 그 가르침을 예수 그리스도의 가르침과 모범에 비추어 주의 깊게 평가하라. 특히 우리 모두는 성경의 전체 문맥 속에서 적절한 균형을 유지하며, 번영 복음을 지지하는 데 흔히 사용되는 성경 본문들을 해석하고 가르칠 필요가 있다. 가난한 환경에서 번영 복음이 가르쳐진다면, 우리는 그 가르침에 맞서야만 한다. 가난한 자들을 위한 정의와 항구적인 변혁을 이루기 위해 진정한 긍휼의 마음으로 행동을 취해야 한다. 무엇보다도 우리는 자신의 이익과 탐욕 추구를 부추기는 가르침을, 자기 희생과 관대한 베풂을 그리스도의 참된 제자의 표지로 제시하는 성경적 가르침으로 대체해야 한다. 우리는 검소한 삶의 방식을 추구하라는 로잔의 역사적 요청을 확인한다.

IIF 선교의 하나됨을 위해 그리스도의 몸 안에서 동역하기

바울은 그리스도인의 하나됨은 하나님의 창조 목적이라고 가르친다. 그것은 우리와 하나님과의 화해, 그리고 이웃 간의 화해에 근거하여 이루어진다. 이러한 이중적 화해는 십자가를 통해 성취되었다. 우리가 하나 되어 살고 동반자로서 협력할 때, 우리는 십자가의 초자연적이고 대항문화적인 능력을 드러내게 된다. 그러나 우리가 함께 협력하는 데 실패하여 불화를 보일 때, 우리는 우리의 선교와 메시지를 손상시키고 십자가의 능력을 부인하게 된다.

1. 교회의 하나됨

분열된 교회가 분열된 세상에 줄 수 있는 메시지는 없다. 우리가 화해와 하나됨의 삶을 살지 못하는 것은, 선교의 진정성과 효력을 저해하는 주요한 원인이다.

  A. 우리는 교회와 단체의 분열과 불화에 대해 애통해한다. 우리는 그리스도인들이 은혜의 정신을 기르고 "평안의 매는 줄로 성령이 하나 되게 하신 것을 힘써 지키라"는 바울의 권면에 순종하기를 간절히, 그리고 긴박한 마음으로 바란다.

B. 우리는 가장 심오한 하나됨은 영적인 하나됨임을 알지만, 더 나아가 가시적이고 실제적인 땅 위의 하나됨이 가진 선교적 능력을 알게 되기를 소원한다. 따라서, 우리는 전 세계의 그리스도인 형제자매에게, 우리가 함께 힘써야 할 증거와 선교를 위해 그리스도의 몸을 갈라 놓으려는 유혹을 거부하고, 가능한 모든 곳에서 화해와 하나됨을 회복하는 길을 추구할 것을 강권한다.

2. 세계 선교에서의 동반자적 협력

선교에서 동반자적 협력은 단지 효율성의 문제가 아니다. 그것은 주 예수 그리스도께 대한 우리의 복종이 전략적이고 실제적으로 구현되는 것이다. 우리는 너무도 자주 우리 자신의 정체성(인종, 교파, 신학 등)을 우선시하고 보존하는 방식으로 선교에 참여해 왔고, 우리의 한 주인이신 주님께 우리의 열정과 선호를 복종시키는 데 실패했다. 우리의 선교에서 그리스도의 우선성과 중심성은 신앙고백에만 머물러서는 안 된다. 그것은 또한 우리의 전략과 실천과 하나됨을 지배해야 한다.

우리는 다수세계에서 선교 운동이 성장하고 힘을 얻는 것과, "서구에서 비서구로"라는 낡은 도식이 사라지고 있음을 기뻐한다. 그러나 우리는 선교적 책임의 바통이 세계 교회의 한 부분에서 다른 부분으로 넘어갔다는 생각을 수용하지는 않는다. 과거 서구의 승리주의를 거부하면서, 동일한 세속적 정신을 아시아, 아프리카, 라틴아메리카로 옮겨 놓은 것은 아무런 의미가 없다. 그 어떤 종족집단이나 국가나 대륙도, 자신들이 지상명령을 완성하는 배타적 특권을 지녔다고 주장할 수 없다. 오직 주권자이신 하나님께 달린 일이다.

A. 우리는 세계 전 지역의 교회와 선교를 이끄는 지도자들로서 함께 서 있다. 우리는 함께 세계 선교에 공헌할 공평한 기회를 받은 자로 서로를 인정하고 용납하도록 부름받았다. 하나님이 들어 쓰시는 사람들이라면, 비록 우리의 대륙이나 우리의 특정 신학이나 조직이나 동료 집단에 속한 사람들이 아니라 할지라도, 그리스도께 복종함으로써 의심과 경쟁과 교만을 내려놓고 그들로부터 기꺼이 배우자.

B. 동반자적 협력은 돈 문제를 넘어서는 것이며, 무분별한 자금 투입은 교회를 부패시키고 분열시킨다. 교회가 돈 많은 사람들이 결정권을 갖는 원리로 움직이지 않음을 증명해 보이자. 더 이상 우리 자신이 선호하는 명칭, 슬로건, 프로그램, 시스템, 방법을 교회의 다른 부분에 강요하지 말자. 대신에 선교에서 남과 북, 동과 서의 참된 상호관계, 서로 주고받는 상호의존, 존중과 존엄성을 추구하자. 그것이야말로 진정한 우정과 참된 동반자됨의 특징이다.

3. 동반자적 협력 관계에 있는 남자와 여자
성경은 하나님이 자신의 형상을 따라 남자와 여자를 창조하셨고,

그들로 하여금 함께 땅을 다스리게 하셨다고 말한다. 그런데 남자와 여자가 함께 하나님께 반역함으로써 죄가 인류의 삶과 역사에 들어왔다. 하나님은 그리스도의 십자가를 통해 남자와 여자에게 똑같이 구원과 용납과 하나됨을 가져다주셨다. 오순절에 하나님은 모든 육체, 곧 아들들과 딸들에게 동일하게 예언의 영을 부어주셨다. 따라서 여자와 남자는 창조와 죄, 구원과 성령을 받음에서 동등하다.[92]

우리 모두는 남자건 여자건, 기혼자건 미혼자건, 하나님의 은혜의 청지기로서 하나님의 은사들을 다른 이들의 유익을 위해, 그리고 그리스도를 찬양하고 그분께 영광 돌리기 위해 사용할 책임이 있다. 그러므로 우리 모두는 또한, 하나님의 모든 백성들로 하여금, 하나님이 주신 모든 은사들을, 하나님이 교회를 부르신 모든 섬김의 영역에서 사용할 수 있게 해야 할 책임이 있다.[93] 우리는 누구의 사역도 멸시하지 말고 성령을 소멸하지 말아야 한다.[94] 나아가 우리는 그리스도의 몸 안에서 이루어지는 사역을 지위와 권리가 아니라, 부름받은 영역에서 은사를 나누고 책임을 감당하는 일로 여기기로 결심한다.

A. 우리는 로잔의 역사적인 입장을 지지한다. "우리는, 성령의 은사가 남자든 여자든 하나님의 모든 백성에게 주어져 있으므

---

92) 창 1:26-28; 3; 행 2:17-18; 갈 3:28; 벧전 3:7.
93) 롬 12:4-8; 고전 12:4-11; 엡 4:7-16; 벧전 4:10-11.
94) 데전 5:19-21; 딤전 4:11-14.

로, 복음 전도에 있어 동반자적 협력을 통해 선을 이루어야 함을 단언한다."95) 우리는 여자들이 성경 시대부터 현재까지, 세계 선교에 막대한 희생적 기여를 하며 남자와 여자를 섬긴 것을 인정한다.

B. 우리는 성경에 신실하게 순종하고자 하는 진지한 사람들 사이에도 상이한 견해들이 존재함을 인식한다. 어떤 이들은 사도들의 가르침을, 여성이 가르치거나 설교해서는 안 된다는 의미로 해석하는가 하면, 다른 이들은 여성이 그 일을 할 수 있으나 남성들 위에서 최고 권위를 가질 수는 없다고 해석한다. 또 어떤 이들은 신약 교회에 나타난 여성의 영적 동등함, 덕을 세우는 예언의 은사 발휘, 자신의 가정에 교회가 모이게 하는 일 등을 들어, 다스림과 가르침의 영적 은사가 여성과 남성 모두의 사역에서 받아들여지고 발휘되어야 한다고 해석한다.96) 우리는 이런 논쟁에서 서로 다른 편에 선 이들에게 요청한다.
1. 논쟁의 사안들과 관련해 상대를 비난하지 말고 서로 용납하자.97) 합의에 이르지 못한 것이 분열과, 파괴적인 말과, 서로에 대한 불경건한 적대감을 정당화할 근거는 아니기 때문이다.

---

95) 마닐라 선언, 고백문 14항.
96) 딤전 2:12; 고전 14:33-35; 딛 2:3-5; 행 18:26; 21:9; 롬 16:1-5, 7; 빌 4:2-3; 골 4:15; 고전 11:5; 14:3-5.
97) 롬 14:1-13.

2. 함께 신중하게 성경을 연구하자. 원 저자들과 현대 독자들의 상황과 문화에 적절한 주의를 기울이자.
3. 진정한 고통이 있는 곳에서는 우리가 긍휼을 보여야 하고, 불의와 부정직이 있는 곳에서는 그에 맞서야 하며, 우리가 형제나 자매 안에 나타난 성령의 분명한 역사를 거부했다면 회개해야 함을 인식하자.
4. 권력과 지위에 대한 세속적 추구를 버리고, 남자건 여자건 우리의 사역 형태가 예수 그리스도의 종됨을 반영하게 만드는 일에 헌신하자.

C. 우리는 바울의 명령처럼[98] 교회들이 선한 것을 가르치고 모범을 보이는 경건한 여성들을 소중히 여길 것을 권면한다. 여성들이 교육과 봉사와 리더십에 참여하도록 기회의 문을 더 넓게 열자. 특히 복음이 불의한 문화적 전통에 도전하는 상황에서는 더욱 그렇게 하자. 우리는 여성들이 하나님이 주신 은사를 발휘하거나 그들의 삶에 대한 하나님의 부르심을 따르는 것에 방해받지 않기를 소원한다.

4. 신학 교육과 선교

신약성경은 복음 전도 및 교회 개척 사역(예를 들면 사도 바울의 사역)과 교회 양육 사역(예를 들면 디모데와 아볼로의 사역) 사이의 긴밀

---

98) 딛 2:3-5.

한 동반자적 협력 관계를 보여 준다. 이 두 가지 과제는 모두 지상명령의 일부다. 예수님은 제자 삼는 일을 복음 전도("세례를 베풀기" 전 사역)와 "내가 너희에게 분부한 모든 것을 가르쳐 지키게 하라"고 하신 가르침의 사역으로 표현하셨다. 그러므로 신학 교육은 복음 전도를 넘어서는 사역이며 선교의 일부다.[99]

지상 교회의 선교는 하나님의 선교를 섬기기 위한 것이고, 신학 교육의 사명은 교회의 선교와 함께하며 그것을 복돋우기 위한 것이다. 신학 교육은 **첫째**, 목회자-교사로서 교회를 이끄는 이들을 훈련하고, 그들로 하여금 하나님 말씀의 진리를 신실하고 적실하고 명료하게 가르치도록 구비시킨다. 둘째, 모든 하나님의 백성들을 구비시켜, 하나님의 진리를 이해하고 모든 문화적 상황에서 적실성 있게 그 진리를 소통하는 선교적 과제를 수행하게 한다. 신학 교육은 영적 전쟁에 개입한다. 그것은 "하나님 아는 것을 대적하여 높아진 것을 다 무너뜨리고, 모든 생각을 사로잡아 그리스도에게 복종하게"하는 일이기 때문이다.[100]

A. 우리 중 교회와 선교단체의 지도자들은 신학 교육이 본래 선교적인 것임을 인식해야 한다. 우리 중 신학 교육을 담당하는 자들은 의도적으로 신학 교육이 선교적인 교육이 되게 할 필요가 있다. 학문 기관에서 신학 교육의 지위는 그 자체가 목적이 아니라, 이 세상 속에서의 교회의 선교에 봉사하기 위한

---

99) 골 1:28-29; 행 19:8-10; 20:20, 27; 고전 3:5-9.
100) 고후 10:4-5.

것이기 때문이다.

B. 신학 교육은 모든 형태의 선교적 활동과 동반자적 협력 관계에 있다. 우리는 성경에 충실한 신학 교육을 공식적 또는 비공식적 형태로 현지·국내·지역·국제적 수준에서 제공하는 모든 이들을 격려하고 지원한다.

C. 우리는 신학 교육 기관과 프로그램들이 '선교적 검증'을 실행할 것을 촉구한다. 교과과정과 조직, 그리고 정신에 대해 검증함으로써 자신들이 속한 문화에서 정말로 교회가 직면한 필요와 기회를 섬기고 있는지 확인하기를 바란다.

D. 우리는 모든 교회 개척자들과 신학 교육자들이 그저 교리적 진술이 아니라 실제로, 성경을 동반자적 협력의 중심에 두게 되기를 소원한다. 복음 전도자들은 성경을 그들이 전하는 메시지의 내용과 권위의 최고 원천으로 사용해야 한다. 신학 교육자들은 성경 연구가 다시 중심에 자리 잡고 기독교 신학의 핵심 훈련이 되게 하며, 그것이 다른 모든 분야의 연구와 적용을 통합하며 각 분야에 스며들게 하여야 한다. 무엇보다도 신학 교육은, 목회자-교사들을 구비시켜 성경을 전하고 가르치는 주된 책임을 감당하게 하여야만 한다.[101]

---

101) 딤후 2:2; 4:1-2; 딤전 3:2b; 4:11-14; 딛 1:9; 2:1.

결론

하나님은 그리스도 안에서 세상을 자신과 화해시키셨다. 케이프 타운에서 하나님의 영은 그리스도의 교회를 세상을 향한 하나님의 화해의 사랑을 전하는 대사가 되도록 부르셨다. 하나님의 백성들이 그리스도의 이름으로 함께 모였고, 하나님은 말씀하신 약속을 지키셨다. 주 예수 그리스도 그분이 우리 가운데 거하시고 우리 가운데 행하셨기 때문이다.[102]

우리는 주 예수 그리스도의 음성을 듣고자 힘썼다. 그리고 그리스도는 그분의 자비 안에서, 성령을 통해, 경청하는 자기 백성에게 말씀하셨다. 성경 강해와 총회 강연과 그룹 토의를 통해 나온 수많은 목소리들 속에서 다음 두 가지 주제가 반복되어 들려왔다.

- 급진적인 순종의 제자도가 필요하다. 성숙으로 나아가야 하며, 양적인 성장뿐 아니라 더 깊이 있는 성장을 이뤄야 한다.
- 십자가 중심의 급진적인 화해가 필요하다. 하나됨으로 나아가야 하며, 믿음과 소망뿐 아니라 사랑 안에서 자라야 한다.

---

102) 레 26:11-12; 마 18:20; 28:20.

제자도와 화해는 우리의 선교에 필수적이다. 우리는 수치스러운 우리의 피상성과 제자도의 결핍, 그리고 우리의 분열과 사랑의 결핍을 애통해한다. 이 두 가지는 우리의 복음 증거를 심각하게 훼손하기 때문이다.

우리는 이 두 가지 도전 속에서 주 예수 그리스도의 음성을 분별한다. 이는 복음서에 기록되었듯이, 그리스도께서 가장 안타까운 심정으로 교회에게 주신 두 말씀과 일치하기 때문이다. 마태복음에서 예수님은 우리에게 모든 민족으로 제자를 삼으라는 최우선의 명령을 주셨다. 요한복음에서 예수님은 우리에게 세상이 우리가 예수님의 제자임을 알도록 서로 사랑하라는 최우선의 방법을 주셨다. 2000년이 지난 지금 예수님이 전 세계에서 모인 그분의 백성들에게 동일한 말씀을 주시는 것에 놀라지 말고, 주인의 음성 듣기를 기뻐하자. 제자를 삼으라, 서로 사랑하라.

제자 삼으라

성경적 선교는 그리스도의 이름으로 일하는 이들에게 요구한다. 십자가를 지고, 자기를 부인하며, 겸손, 사랑, 정직, 관대함으로 종의 길을 걸으며, 그리스도를 따름으로써 그분을 닮으라고. 제자도와 제자 삼기에 실패하는 것은 우리의 선교의 가장 기초적인 차원에서 실패하는 것이다. 교회를 향한 그리스도의 부르심은 복음서의 책장들을 통해 우리에게 새로운 목소리로 들려온다. "와서 나를 따르라," "가서 제자 삼으라."

서로 사랑하라

예수님은 세 번이나 "새 계명을 너희에게 주노니 서로 사랑하라. 내가 너희를 사랑한 것 같이 너희도 서로 사랑하라"고 말씀하셨다.[103] 예수님은 세 번이나 "아버지여, 그들이 다 하나가 되게 하소서"라고 기도하셨다.[104] 이 명령과 기도는 둘 다 선교적이다. "너희가 서로 사랑하면 이로써 모든 사람이 너희가 내 제자인 줄 알리라." "그들도 다 하나가 되어 우리 안에 있게 하사 세상으로 아버지께서 나를 보내신 것을 믿게 하옵소서." 예수님은 이보다 더 단호하게 강조하실 수 없었을 것이다. 세계 복음화와 그리스도께서 하나님이심이 알려지는 것은, 우리가 실제로 그분께 순종하느냐 하지 않느냐에 따라 촉진될 수도 있고 가로막힐 수도 있다. 그리스도와 그분의 사도들의 요청은 새로운 목소리로 우리에게 들려온다. "서로 사랑하라." "평안의 매는 줄로 성령의 하나 되게 하신 것을 힘써 지키라."[105] "우리가 처음부터 들은 소식"에 순종하기로 새롭게 헌신하는 것은, 바로 하나님의 선교를 위해서다.[106] 그리스도인들이 성령의 능력으로 화해하고 사랑의 하나됨 가운데 살 때, 세상은 예수님을 알게 될 것이고, 우리가 그분의 제자인 것을 알게 될 것이며, 그분을 보내신 아버지를 알게 될 것이다.

---

103) 요 13:34; 15:12, 17.
104) 요 17:21-23.
105) 엡 4:1-6; 골 3:12-14; 살전 4:9-10; 벧전 1:22; 요일 3:11-14; 4:7-21.
106) 요일 3:11.

우리는 아버지 하나님과 아들과 성령의 이름으로, 그리고 하나님의 무한하신 자비와 구원하시는 은혜를 믿는 믿음의 유일한 기초 위에서, 간절히 소망하며 기도한다. 성경적 제자도가 회복되고, 그리스도를 닮는 사랑의 혁명이 일어나기를.

우리는 이 서약을 우리의 기도로 삼으며, 이 서약에 헌신할 것을 다짐한다. 우리가 사랑하는 주님을 위해, 그리고 우리가 그분의 이름으로 섬기는 세상을 위해.

부록

1 | 스터디가이드
2 | 로잔 언약(1974)
3 | 마닐라 선언(1989)

David Oginde

부록 1   스터디가이드

스터디가이드 사용법

케이프타운 서약은 성경이 아니다. 케이프타운 서약은 성경의 엄중한 권위 아래 있어야 한다. 우리는 케이프타운 서약에 지나치게 무게를 부여하지 않는다. 이것은 인간이 만들어 낸 것이기 때문에 흠이 있고 불완전할 수 있다. 그러나 한편으로 이것을 작성한 사람들은 이 안의 모든 내용들이 성경으로부터 나오고 성경과 조화를 이루게 하려고 기도하며 노력했다. 케이프타운 서약이 우리에게 의미 있고 유용한 것이 되려면 그 내용을 하나님의 말씀과 대조하며 신중하게 연구해야 하고, 행동으로 옮길 방법을 기도하며 찾아 나가야 한다.

왜 스터디가이드인가?

긴 문서는 면밀한 연구와 성찰을 위해 부분으로 나누어 읽는 것이 도움이 된다. 이 스터디가이드는 그것을 돕기 위한 것이다.

케이프타운 서약의 두 부분은 상호 보완적이다. 제1부 "케이프타운 신앙고백"은 기독교의 제자도와 선교를 위한 신학적 틀을 정립한다. 제2부 "케이프타운 행동 요청"은 대회의 중심 주제를 따라 우리가 행할 바에 초점을 맞춘다. 행위가 없는 신학은 공론으로, 신학이 없는 행위는 행동주의와 인본주의로 급속히 추락하므로,

신학과 행위는 서로에게 영향을 미치면서 반드시 함께 가야 한다.

적은 분량의 본문을 집중하여 공부하는 것은 내용을 깊이 이해하는 데 도움이 된다. 이 교재를 지역 교회, 신학교 수업, 또는 소그룹에서 사용한다면 더욱 유익할 것이다.

다양한 공부 방식

스터디가이드를 만드는 데 있었던 한 가지 어려움은, 다양한 문화와 상황에서 사람들이 정보를 처리하는 방식, 곧 연구하고 조직하고 그룹에서 나누고 반응하는 방식이 매우 다양하다는 것이었다. 예를 들면 다음과 같다.

어떤 사람은 논리적으로, 그리고 직선적으로 분석하는 데 익숙하다. 기록된 문자를 편안하게 느낄 수 있다. 손에 펜을 들고 앉아 주어진 여백에 답을 쓰거나 컴퓨터에서 글을 쓰는 것을 좋아할 수 있다.

어떤 사람은 고요한 장소에서 혼자 충분한 시간을 가지고 연구하는 것을 좋아할 수 있다.

어떤 사람은 그룹으로 공부하고 말로 배우는 것을 선호할 수 있다. 이 경우 공부나 실천 계획을 세우는 것은 다른 일들과 마찬가지로 공동체적 과제가 된다.

어떤 사람은 중요한 것을 노래로 표현하고, 그것을 공동체를 통해 자손 대대로 전한다. 시편의 시대부터 지금까지 이것은 하나님의 진리를 내면화하고 신앙을 전수하는 중요한 방법이다.

어떤 사람은 관념과 명제에 어려움을 느끼고 이야기와 구체적인 예화를 통해 배운다. 성경은 그런 것들로 가득하다!

어떤 사람은 생각하고 행동하는 법을 알려 줄 '전문가'나 지도자를 원하고, 자신이 지도자가 되거나 지도자의 말을 들을 때까지는 의견을 표현하지 못할 수도 있다.

어떤 사람은 정서적 개입이나 실제적인 행동이 지적인 탐구보다 더 중요하다고 생각한다.

어떤 사람은 큰 그림을 잘 그리지만 작은 부분에 대한 면밀하고 상세한 검토는 어렵다고 느낀다. 반면, 어떤 사람은 작은 단위의 정보를 다루는 것을 선호한다.

여러분의 상황과 여러분이 선호하는 학습 방식에 맞게 이 스터디가이드를 사용하라. 질문들은 혼자서나 그룹으로 활용할 수 있으며, 더 깊은 생각과 기도와 실천으로 나가는 데 도움을 주기 위한 것들이다.

일치 속의 다양성…그리고 다양성 속의 일치

일찍이 지금처럼 교회가 세계화된 적은 없다. 하나님을 찬양하자! 그러나 하나님의 말씀이 다양한 문화와 언어에 뿌리를 내리면서, 다양한 공동체들이 믿음을 상황화하는 다양한 방식 때문에 교회는 더욱 복잡해졌다. 오늘날 로잔 운동과 세계복음주의연맹(WEA)의 구성원은 수십 년 전에는 상상할 수 없을 정도로 다양해졌다.

어떤 이들은 이것을 불안정하다고 생각하며 모든 사람들에게 하나의 정통 신앙과 실천 방식을 부과하고자 한다. 또 다른 이들은 다양성 속에서 즐거워한다. 케이프타운 서약은 정통 신앙의 공식이 아니며 그것을 추구하지는 않는다. 대신에, 삼위일체 하나님을 예배하기 위해 하나님의 복음과 말씀을 중심으로 모인, "모든 나라를 제자 삼는" 사역에 함께 헌신하는 수많은 다양한 기독교적 흐름을 함께 모은다. 우리는 하나님 말씀의 경계 안에서 다양성을 널리 포용할 수 있도록 기도한다.

케이프타운 서약의 작성은 많은 이들이 참여하여 신중하게 진행되었으므로 우리는 이것이 면밀히 연구할 만한 가치가 있다고 믿는다. 이 서약이 하나님의 은혜 안에서 하나님의 백성을 하나되게 하는 도구가 될 수 있다고 감히 믿는다. 그리고 우리가 예수 그리스도의 좋은 소식을 열방에 전하기 위해 함께 사역할 때, 이 서약은 어느 정도 합의된 지침을 제공할 수 있다.

그러므로 우리는 하나님의 영광과 그분의 소중한 세계의 유익을 위해, 이 여정에 우리와 함께하도록 당신을 초청한다. 혼자서, 혹은 그룹이나 교회에서 이 내용을 공부할 때, 먼저 질문들이 다루는 케이프타운 서약 본문을 읽으라(또는 들으라). 특히, 참고 성경 구절을 반드시 찾아보라. 그 말씀들이야말로 우리가 의지할 참된 기초이기 때문이다. 각각의 장에는 '탐구를 위한 질문'이 있는데, 이 질문들은 특별히 숙고할 만한 중요한 개념에 초점을 맞춘다. 그리고 좀더 깊이 성찰하고 나누기 원하는 사람들을 위해 '성찰과 적용을 위한 질문'들이 마련되어 있다.

로즈 도우세트
글래스고우, 스코틀랜드

서문

탐구를 위한 질문

1. 변화하는 현실: 당신이 속한 상황에서 지난 10-20년 동안 사회와 하나님의 백성과 당신 자신에게 가장 크게 영향을 준 변화는 무엇인가? 좋은 변화는 무엇이고 해를 끼치는 변화는 무엇인가? 왜 그러한가? 하나님의 영광이 빛나게 하려면 그 변화들에 대해 우리는 어떤 반응을 보여야 할 것인가?

성찰과 적용을 위한 질문

2. 불변하는 현실: "인간은 상실을 경험한다," "복음은 좋은 소식이다," "교회의 선교는 계속된다." 이 세 개의 문장을 각각 당신 자신의 말로 바꾸어 표현해 보라. 어떤 성경 구절이 떠오르는가? 당신의 문화에서 사람들이 이 중대한 진리들을 믿기 어렵게 만드는 주요 장애물들은 무엇인가?

3. 『세계 기도 정보』와 같은 자료를 활용하여, 지난 수십 년 동안 교회가 눈에 띄게 성장한 세 나라들 혹은 종족 집단들을 확인해 보라. 같은 기간 동안 교회의 수가 줄어든 세 나라 혹은 종족 집단들을 확인해 보라. 그 자료의 도움을 받아, 이 나라들과 그곳에 있는 주님의 백성

들의 복음 증거 사역을 위해 잠시 기도하라.

4. 우리의 사랑과 열정: 성경에서 '언약'은 무엇을 의미하는가? 성경의 언약에서 어떻게 '사랑'이 언약의 언어가 되는가? 성경이 말하는 사랑은 당신의 문화와 상황에서 흔히 사용되는 '사랑'의 의미와는 어떻게 다른가? 모든 사랑은 잘 양육되어야 한다. 그렇지 않으면 곧 사라지고 만다. 우리는 어떻게 하나님에 대한 사랑을 잘 길러 나가며, 늘 새로움과 성숙이 있도록 할 수 있는가?

I부. 우리가 사랑하는 주님을 위하여 : 케이프타운 신앙고백

1 우리는 하나님이 먼저 우리를 사랑하셨기에 하나님을 사랑한다

탐구를 위한 질문

1. 요한복음 3:16-17과 요한일서 4:7-21을 읽으라. 이 본문들은 우리를 향한 하나님의 사랑과 그 사랑에 대한 응답에 대해 무엇을 가르쳐 주는가? "하나님이 우리를 사랑하심은 우리가 먼저 그분을 사랑했음이라"가 아니라 "우리가 사랑함은 그가 먼저 우리를 사랑하셨음이라"라는 말씀을 이해하는 것이 왜 그토록 중요한가?

성찰과 적용을 위한 질문

2. 예수님은 "네 마음을 다하고 목숨을 다하고 뜻을 다하여 주 너의 하나님을 사랑하라 하셨으니, 이것이 크고 첫째 되는 계명이요"(마 22:37-38)라고 말씀하셨다. 이 구절은 오늘날 우리의 믿음, 가치, 행동, 그리고 관계에 어떤 영향을 미치는가? 우리는 그리스도의 제자로서 어떤 변화를 이루어 내야 할 것인가?

3. 예수님은 계속해서 말씀하셨다. "둘째도 그와 같으니 '네 이웃을 네 자신같이 사랑하라' 하셨으니, 이 두 계명이 온 율법과 선지자의 강령

이니라"(마 22:39-40). 누가 내 이웃인가? 일상 속에서 우리의 이웃 사랑은 어떤 모습을 띠고 있는가? "이 두 계명이 온 율법과 선지자의 강령이니라"라는 구절이 의미하는 바는 무엇인가? 이 구절은 우리가 구약성경을 읽는 방식에 어떤 영향을 미치는가? 예를 들어 보라.

4. 비그리스도인에게 하나님의 사랑을 어떻게 설명할 수 있을까? 어떤 사람들에게는 하나님이 그들을 사랑하신다는 것을 믿기 어렵게 만드는 경험이 있다. 그리고 그들의 삶 속에서 그분의 사랑을 받아들이기 어렵게 만드는 경험이 있다. 왜 그렇다고 생각하는가? 당신은 그런 사람을 어떻게 도울 수 있겠는가?

5. 하나님의 사랑에 감사하는 기도문이나 찬양을 만들어 보라.

6. 그리스도인 친구들이나 가족과 함께 이웃과 직장 동료를 위해 기도하라. 하나님의 사랑을 나누고 설명할 기회를 알아차리게 해 달라고 간구하라. 당신이 그리스도를 증거하려 했는데 하나님이 먼저 "길을 열어 주심"을 경험한 적이 있다면 나누어 보라. 핍박받는 신자들을 위해 기도하라. 그들이 원수에게 보복하기보다 사랑할 힘을 달라고 기도하라.

2 우리는 살아 계신 하나님을 사랑한다

탐구를 위한 질문

1. "하나님이 살아 계신다"라고 말하는 것은 무엇을 의미하는가? 비그리

스도인이나 어린아이에게 이것을 어떻게 설명할 수 있겠는가? "우리는 하나님의 영광에 대한 열정을 품고 그분을 사랑한다." "이 세상에서 살아 계신 하나님이 영광받지 못하시는 것은 우리의 가장 큰 슬픔이어야 한다." 우리가 참으로 이것을 믿는다면, 그리고 하나님이 살아 계심을 믿는다면, 개인적 삶과 교회에서의 삶과 선교단체에서의 삶에서 이것이 어떻게 드러나야 하는가? 우리는 어떤 변화를 이루어내야 하는가?

성찰과 적용을 위한 질문

2. 당신이 처한 환경 속에서 당신에게 영향을 미치는 "이 세상의 신들"에는 어떤 것들이 있는가? 당신의 문화를 규정 짓는 신들은 무엇인가? 이런 상황에서, 무엇이 회개의 구체적인 증거가 되겠는가? 그리스도인으로서 이 사회에서 물러나지 않고도 어떻게 구별되게 살 수 있겠는가?

3. 출애굽기 20:1-4을 읽으라. "나 외에는 다른 신들을 네게 두지 말라"는 명령에 순종하려면 우리는 어떻게 살아야 하는가? 하나님이 자신을 "질투하는 하나님"(출 20:5)이라고 하신 말씀은 무엇을 의미하는가?

4. 현재 하나님의 살아 계심을 경험하고 있다면, 당신과 함께 이 책을 공부하는 그룹에서 그 경험을 나누어 보라. 그런 후, 여러분이 접하게 될 비그리스도인들에게도 자연스럽게 증거할 용기를 달라고 서로를 위해 기도하라.

5. 오늘날의 공격적인 '신무신론'에 대응하기 위한 기사를 작성하거나 프

레젠테이션을 준비하라. 특정 청중, 예를 들면 학생 그룹을 대상으로 그것을 발표해 보라. '신무신론'이 당신의 공동체에 아직은 문제가 되지 않는다면, 당신이 속한 종교적·철학적 상황에서 살아 계신 하나님을 어떻게 소개할지 보여 주는 기사를 작성하거나 프레젠테이션을 준비해 보라.

3 우리는 성부 하나님을 사랑한다

탐구를 위한 질문

1. 산상수훈에서 마태는 예수님이 "하늘에 계신 너희 아버지", "너희 하늘 아버지"라고 말씀하신 것을 반복해서 인용한다. 마태복음 5:16, 45, 48; 6:1, 4, 6, 8-9, 14-15, 18, 26, 32; 7:11을 보라. 하나님의 아버지되심에 대해 당신은 무엇을 알게 되는가? 우리는 매일의 일상에서 하나님 아버지를 향한 사랑을 어떻게 표현할 것인가?

성찰과 적용을 위한 질문

2. 왜 예수님의 동시대인들은 예수님이 하나님을 "우리 아버지", 또는 "나의 아버지"라는 애정어린 호칭으로 언급하시는 것을 듣고 놀라거나 충격을 받았을까? 다른 종교를 가진 사람들은 이러한 하나님의 계시에 어떻게 반응하겠는가?

3. 성경은 하나님 아버지와 주 예수 그리스도 간의 관계, 그리고 아버지와 아들과 성령 간의 관계를 어떻게 묘사하는가? 각각 충만한 하나님

이시지만 또한 하나이신 아버지와 아들과 영의 신비를 증거하기 위해 당신은 어떤 구절을 다시 살펴보겠는가?

4. 그리스도의 십자가를 통한 대속적 죽음과 부활을 통해, 우리의 구원에 아버지와 아들과 영이 충만하게 그리고 자발적으로 개입하셨다는 것을 확인하는 것은 왜 중요한가? 요한복음 3:16, 마태복음 20:28, 누가복음 23:46, 사도행전 2:31-33, 36, 로마서 8:32, 그리고 갈라디아서 1:3-5을 보라. 잠시 대화를 멈추고 하나님께 감사하라.

5. 어떤 사람들은 이 땅의 아버지에게서 많은 고통을 받아 왔기에 하늘 아버지이신 하나님께 다가가는 데 어려움을 느낀다. 하나님이 선하시고, 다정하시며, 절대적으로 의지할 만한 분이심을 그들에게 어떻게 보여 줄 수 있겠는가? 교회는 이 땅의 부모에 의해 상처 입거나 버려지거나 고아가 된 사람들을 어떤 방법으로 돌보아야 하는가?

4 우리는 성자 하나님을 사랑한다

탐구를 위한 질문

1. 기독교 신앙의 정수에는 그리스도의 인성, 즉 단지 개념이나 전제가 아니라 실재하는 역사적 인물인 예수 그리스도가 자리하고 있다. 이 특별하고 고귀한 인물에 대해 새로운 안목을 가질 수 있도록 기도하며 얼마 동안 복음서를 읽어 보라. 4장의 A항 아래에는 우리 주 예수 그리스도의 삶과 사역의 7가지 핵심 요소가 나열되어 있다. 각각을

천천히 살펴보며, 그분을 향한 우리의 사랑이 자라게 하는 묵상의 시간을 가져라.

성찰과 적용을 위한 질문

2. 예수님을 향한 사랑을 이야기하는 것이 의미가 있는 것은 예수 그리스도께서 인간이시기 때문이다. 그분을 사랑하는 것과 그분을 신뢰하는 것은 어떻게 연결되는가? 우리의 사랑과 신뢰가 자라기 위해 서로를 어떻게 도울 수 있겠는가? 그 실제적인 예들을 들어 보자.

3. "자기 십자가를 진다"는 것은 매일의 일상 속에서 무엇을 의미하는가? 마태복음 10:37-39과 누가복음 9:18-27을 읽으라. 이 각각의 구절들은 어떤 맥락에서 쓰인 것인가? 이 가르침은 그 맥락에서 무엇을 의미했겠는가? 오늘날 우리는 이 가르침에 어떻게 순종하는가? 그 대가는 무엇이며, 얻는 것은 무엇인가? 잠시 생각을 멈추고 오늘날 이 명령에 순종하는 대가로 매우 큰 값을 치르고 있는 사람들을 위해 기도하라.

4. 우리는 어떻게 말과 행위와 성품으로, 우리 자신의 상황 속에서, 타문화권에서, 또는 다른 종교가 우세한 상황에서 '그리스도를 선포'하고 있는가? 전 세계가 '예수 안에 있는 진리'에 대해 보고 듣는 것이 왜 중요한가? 당신의 환경에서 예수를 믿는 데 주된 걸림돌은 무엇인가? 주된 기회들은 무엇인가?

5. 찬양을 작곡하거나 그림을 그리거나 희곡을 써 보라. 예수 그리스도

의 삶과 사역의 특정 부분을 묵상하고 그에 대한 반응으로 당신의 사랑을 표현해 보라.

5 우리는 성령 하나님을 사랑한다

탐구를 위한 질문

1. 창세기 1:1-2, 이사야 63:11-14, 민수기 11:16-17, 미가서 3:8, 그리고 에스겔 36:25-27을 읽으라. 이 구절들은 오순절 이전의 성령의 역사에 대해 무엇을 가르쳐 주는가? 성령께서는 오늘날에도 여전히 같은 방식으로 역사하시는가? 신약성경에서 성령에 대한 구절들을 찾아보라. 그 구절들은 무엇을 가르쳐 주는가? 우리가 아버지와 아들을 사랑하듯 그와 같은 방식으로 성령을 사랑해야 하는 이유는 무엇인가?

성찰과 적용을 위한 질문

2. "오직 성령의 열매는 사랑과 희락과 화평과 오래 참음과 자비와 양선과 충성과 온유와 절제니, 이 같은 것을 금지할 법이 없느니라"(갈 5:22-23). 이러한 자질들이 당신의 삶과 기독교 공동체에서 드러나고 있는가? 그렇지 않다면 왜 그렇지 않은가? 이 열매들이 일상의 삶에서 어떤 차이를 만들어 내는지 구체적인 예들을 들어 보라. 당신이 속한 문화에서는 이 자질들이 어떻게 격려되는가? 또는 어떻게 억압되는가?

3. 성령의 은사에는 몇 가지 목록이 있다(예를 들어 고전 12:1-11, 엡 4:11-13). 주님께서 우리에게 어떤 은사들을 맡기셨는지 어떻게 알 수

있는가? 하나님의 영광과 하나님 백성들의 유익을 위해 그 은사들을 사용하도록, 우리는 어떻게 서로를 격려하는가? 교회의 선교에 다양한 은사들이 어떻게 사용되고 있는가? 사람들의 눈길을 끄는 은사가 성령으로부터 온 것이 아닌 경우 우리는 그것을 어떻게 분별할 수 있겠는가?

4. 요한복음 3장에서, 니고데모는 거듭나는 것이 어떻게 가능한지 이해할 수 없었다. 그러나 예수님은 하늘나라로 들어가기 위해서는 우리가 성령으로 거듭나야 한다고 주장하신다. 당신은 비그리스도인에게 거듭남을 어떻게 설명하겠는가? 힌두교도와 불교도들이 거듭남을 받아들이는 것을 특별히 어려워하는 이유는 무엇인가? 베드로전서 1:23-25은 거듭남을 "살아 있고 항상 있는 하나님의 말씀"과 연결시킨다. 말씀, 성령, 그리고 거듭남은 어떻게 서로 관련되는가?

5. 오늘날의 선교에서 성령은 어떻게 역사하시는가? 그룹에서 당신의 신앙 여정과 사람들을 구원하시는 성령의 능력에 대한 체험을 나누어 보라. 이 이야기들은 사도행전에 등장하는 이야기들과 어떻게 유사한가? 또는 어떻게 다른가?

6 우리는 하나님의 말씀을 사랑한다

탐구를 위한 질문

1. 우리는 '성경의 권위'를 인정한다고 말한다. 일상의 삶과 제자도에서 그

것이 의미하는 바는 무엇인가? 우리의 문화나 가족이나 일터가 성경에서 말하는 바와 상충될 때, 우리는 어떻게 대처하는가? 다른 그리스도인들이 성경을 우리와 다르게 이해할 때 우리는 어떻게 반응해야 하는가?

성찰과 적용을 위한 질문

2. 우리는 하나님의 말씀을 사랑한다. 말씀은 하나님이 우리에게 주신 자신에 대한 계시이며, 그분이 만드신 세상과 우리를 향한 계획을 보여 주신 것이기 때문이다. 그분의 말씀을 더 깊이, 그리고 더 분명하게 들을 수 있는 실제적인 방법은 무엇인가? 하나님의 음성을 듣고 반응하는 삶을 살도록, 기독교 공동체가 어떻게 서로를 격려할 수 있겠는가?

3. 당신의 그룹이나 친구에게 최근에 하나님의 말씀으로부터 배운 것과 그 말씀이 당신의 삶을 어떻게 변화시키고 있는지를 나누어 보라.

4. 성경을 통해 전해지는 이야기는 당신의 문화에서 전해지는 이야기와 어떻게 다른가? 당신의 가족, 이웃, 또는 일터 가운데서 성경 이야기를 어떻게 나눌 수 있겠는가? 당신 자신이 하나의 이야기다. 비그리스도인들이 당신을 보면서 무엇을 읽고 듣고 있는가? 그것은 성경 이야기와 조화를 이루는가?

5. 어떤 지역에서는, 서점에 성경이 넘쳐나지만 하나님의 말씀에 대한 심각한 기근도 함께 있다. 왜 그렇게 된다고 생각하는가? 당신이 속한

문화가 그런 상황이라면 당신은 그 상황을 변화시키기 위해 무엇을 할 수 있겠는가? 어떤 곳에는 성경이 귀해서 또 다른 이유로 하나님 말씀의 기근이 있다. 당신은 이에 대해 무엇을 할 수 있겠는가? 아직 성경이 일부만 번역되었거나 번역되지 않은 곳도 있다. 당신은 이에 대해 무엇을 할 수 있겠는가? 이 문제에 대해 함께 대화하고 함께 기도하라. 그리고 어떤 실제적 행동을 취할지 의논하라.

7 우리는 하나님의 세상을 사랑한다

탐구를 위한 질문

1. 시편 24:1-2과 골로새서 1:15-20을 읽으라. "만물이 그리스도에 의해 창조되고, 유지되고, 구속된다." 그렇다면 우리는 하나님의 창조세계를 어떻게 대해야 하는가? 당신의 문화와 삶 가운데 어떤 관습이나 습관들이 이 세상을 악화시키는 데 기여하고 있는가? 당신의 상황 속에서, 이 피해를 복구하려면 어떤 실제적인 단계를 밟아야 하는가? 당신의 교회, 또는 가정은 환경과 사회 구조를 개선하고 하나님의 창조세계를 돌보기 위해 무엇을 할 수 있겠는가? 숲의 파괴, 물 부족, 사막의 확장, 환경 오염, 사회의 붕괴 등을 낳는 기존의 악한 시스템으로부터 이익을 취하는 집단에 도전하기 위해, 세계 교회는 어떻게 함께 일할 수 있겠는가? 실제적인 행동의 경험이 있다면 나누어 보라.

성찰과 적용을 위한 질문

2. 그리스도인들은 다양한 인종 집단, 부족, 또는 나라들 사이에서 어떻

게 화해의 중재자가 될 수 있는가? 당신의 환경에서, 전통적으로 멸시받거나 다수에 의해 미움을 받은 집단들은 어떤 집단인가? 기독교 공동체는 우리와 다른 사람들과 관계 맺는 방식에서 어떻게 본이 될 수 있는가? 어떻게 하면 급변하는 세상 속에서 다문화 교회 공동체를 발전시킬 수 있겠는가?

3. 신명기 10:18-19, 15:7-11, 그리고 마태복음 25:31-46을 읽으라. 우리가 특별히 가난하고 연약한 자들을 돌보아야 하는 이유가 무엇이라고 말씀하는가? 당신의 공동체에서는 누가 가난하고 연약한 자들인가? 그리스도인들은 그들에 대한 관심과 돌봄을 어떻게 표현할 수 있겠는가? 세계 교회는 전 세계의 경제적 불균형에 도전하기 위해서 어떤 실제적인 행동을 취해야 하는가? 우리 공동체가 가난한 공동체라 할지라도, 다른 지역의 가난한 이웃에 대해 어떤 책임을 질 수 있는가?

4. 당신의 문화에서 어떤 부분이 하나님을 대적하고 있는가? 예수님은 우리 눈 속에 있는 들보보다 다른 이의 눈 속에 있는 티를 보는 것이 더 쉽다고 경고하셨다. 이 말씀을 기억하면서, 다른 문화에서 당신이 발견하는 하나님을 대적하는 현상들에 대해 이야기해 보라.

5. 당신과는 다른 인종 집단에 속한 한 사람 혹은 한 가정을 식사에 초대하라. 그들에게서 인사말이나 기본적인 말을 배우고 그들의 문화 속에서 전해 내려오는 이야기나 속담이나 민요를 들려 달라고 부탁해 보라. 문화의 장벽을 넘어 순수한 우정을 세워 나가기 위해 당신은 무엇을 해야 하는가?

6. 나무 심기, 꽃이나 채소 키우기, 이웃과 함께 "쓰레기 줍기" 등 많은 이들의 삶의 질을 개선하는 공동체 프로젝트를 조직해 보라.

8 우리는 하나님의 복음을 사랑한다

탐구를 위한 질문

1. 성경이 말씀하는 죄의 본성은 무엇인가? 요한복음 1:29, 8:34, 로마서 1:18-25, 요한일서 1:8-2:2, 데살로니가후서 1:7-10을 읽으라. 죄는 '성질이 좀 더러운' 것과 어떻게 질적으로 다른가? 현재의 삶에서, 그리고 영원의 관점에서 볼 때, 죄의 결과는 무엇인가? 이것은 어떻게 복음을 최고의 좋은 소식으로 만드는가? 복음의 중심에는 우리 주 예수 그리스도가 계신다. 당신은 복음을 들어 본 적이 없는 친구에게 예수님의 이야기를 어떻게 들려줄 것인가? 완성된 그림을 그리기 위해서는 전체 이야기가 필요하겠지만, 중요한 핵심적 사건을 말한다면 무엇을 포함하겠는가? 주님께서 당신의 친구들에게 그분 자신을 알리시도록, 그들을 위해 기도하라.

성찰과 적용을 위한 질문

2. 복음이 약속하는 복된 삶을 얻기 위해 우리는 무엇을 해야 하는가? 우리가 영생을 소유하였음을 어떻게 알 수 있는가? 진정한 믿음의 표지는 무엇인가?

3. 복음은 좋은 소식이며 하나님의 영광과 인간의 행복과 창조세계의 번

영을 위해 반드시 필요한 소식이다. 그렇다면 우리 기독교 공동체는 어떻게 선교적 (즉, 열정적으로 복음을 전하고 복음을 살아내는) 공동체가 될 수 있겠는가? 당신과 당신의 교회는 어떤 존재가 되어야 하며 무엇을 해야 하는가? 당신이 사람들에게 그리스도를 꾸준히 전하고 있지 않다면, 어떤 변화가 필요한가?

4. 복음을 올바로 이해하고 반응하게 되면 전 인격의 변혁이 나타난다. 또한 그런 그리스도인들이 힘을 모아 지역 공동체의 변혁을 추구해야 한다. 당신과 당신의 교회는 지역 공동체 안에서 정의 실현과 공동체적 번영을 추구하는 활동으로서 무엇을 하고 있는가? 어떻게 그것을 "예수의 이름으로" 행하는가? 우리의 선포와 행동은 일치하고 있는가?

5. 고린도후서 9:12-15을 읽으라. 복음에 대한 믿음, 순종, 사랑이 사람들을 어떻게 서로 연결하고 있는가? 일상 생활에서 이와 같은 사례들을 들어 보라.

9 우리는 하나님의 백성을 사랑한다

탐구를 위한 질문

1. 요한복음 13:34-35과 요한복음 17:21을 읽으라. 예수님은 제자들이 서로 사랑해야 한다는 것을 왜 그토록 강조하시는가? 하나님 백성의 분열은 비그리스도인들이 복음에 귀를 기울이지 않는 가장 흔한 변명이 되고 있다. "당신들끼리도 하나 될 수 없는데, 우리가 왜 당신들의

말을 믿어야 합니까?" 우리의 상황 속에서 교회들과 교단들 간에 더 좋은 관계를 발전시킬 수 있는 실제적인 방법은 무엇인가?

성찰과 적용을 위한 질문

2. 당신의 상황에서, 그리스도인들 간에 불일치와 부조화를 낳는 이슈는 무엇인가? 교리적인 이슈는 무엇인가? 어떻게 그것들을 해결할 수 있는가? 어떤 이슈들이 문화의 문제, 혹은 감정을 건드리는 문제인가? 그것들을 어떻게 해결할 수 있겠는가? 교회의 분열은 종종 특별한 역사적 상황으로부터 생겨났다. 어떻게, 언제, 그리고 어느 정도로 우리는 이 분열을 극복할 수 있겠는가? 과거의 분열을 극복한 예가 있다면 들어 보라.

3. 케이프타운 서약은 "예언자적 사랑"이 필요하다고 말한다. 예언자적 사랑이란 무엇을 의미하는가? 당신의 상황에 대해 그리고 세계 교회에 대해 예수님이 회개를 요구하시는 문제는 무엇인가? 어떻게 하면 우리는 예언자적으로, 그러나 은혜와 겸손을 잃지 않고 말할 수 있겠는가?

4. 박해나 기근, 자연재해로 인해 고난당하는 그리스도인 형제자매들에게 어떻게 우리가 그들과 사랑으로 연대하고 있음을 표현할 수 있겠는가?

5. 세계화가 종종 우려를 낳고 있는 이 세상에서, 세계 교회는 세계화된 공동체의 건강한 모델을 보여 주어야 한다. 어떻게 하면 교회는 착취

와 권력의 남용, 부(또는 가난)의 오용에서 벗어난 관계를 발전시킬 수 있는가? 우리는 이런 관계를 만들기 위해 어떤 단계를 밟아야 하는가?

10 우리는 하나님의 선교를 사랑한다

탐구를 위한 질문

1. "선교"라는 단어를 들을 때, 우리는 무엇을 떠올리는가? 에베소서 1:9-10과 골로새서 1:15-20을 읽으라. 이 구절들은 선교의 큰 그림을 어떻게 제시하는가? 교회는 자기의 선교를 개발하는 것이 아니라 하나님의 선교에 참여하도록 부름받았다. 우리가 자신의 선교를 계발한 방식들은 무엇이었나? 우리가 하나님의 선교에 참여하고 있음을 확신할 수 있으려면 우리가 무엇을 해야만 하는가? 우선순위를 어떻게 세워야 하겠는가?

선찰과 적용을 위한 질문

2. 요한계시록에는 우리가 아는 역사가 끝나고 하나님의 뜻이 완전하게 성취될 때 드러날 "새 하늘과 새 땅"에 대한 그림이 나타난다. 복음서에 기술된 예수님의 사역은 현재의 타락한 세상에서 하나님의 완전한 뜻이 어떻게 드러날지를 보여 주는 예화라고 말할 수 있다. 우리는 우리의 상황에서 하나님의 완전한 뜻을 나타내기 위해 어떤 실제적인 일들을 행할 수 있는가?

3. 선교사가 되는 것은 선택 사항이 아니다. 우리는 선교사이신 하나님

의 형상으로 지어진 존재다. 당신은 어떻게 당신의 교회가, 지역 선교든 세계 선교든, 선교에 전적으로 개입하도록 격려할 수 있는가? 선교 참여의 중요성을 깨닫게 된 경험이 있다면 함께 나누어 보라. 하나님이 먼저 자신의 선교를 시작하고 계신 장소와 사람들을 인식할 분별력을 간구하라. 성령의 이끄심을 따를 수 있는 용기와 열정을 달라고 기도하라.

4. 복음을 아직 들어 보지 못한 사람들이 지금도 존재하고 있다. 그리고 더 많은 사람들은 불의, 압제, 빈곤 등 여러 가지 고통을 겪고 있다. 당신은 이런 상황 중 최소한 하나를 변화시키기 위해 교회 공동체와 함께 무엇을 할 수 있겠는가? 함께 몇 가지 구체적으로 실천 항목을 정하고, 단계적인 행동 계획을 세우라. 그리고 다음 단계를 결정하라.

II부. 우리가 섬기는 세상을 위하여: 케이프타운 행동 요청

IIA 다원주의적이며 세계화된 세상 속에서 그리스도의 진리를 증거하기

1. 진리 그리고 그리스도의 인격

탐구를 위한 질문

1. 진리는 왜 그토록 중요한가? 당신의 문화와 상황 속에서 "절대적 진리"의 개념, 특히 성경적 진리의 개념을 반대하는 주된 요인들은 무엇인가? 이에 대응하여, 당신은 예수님이 진리이심을 어떻게 설명할 수 있겠는가? 어떤 문화에서는 예수님이 하나님이요 진리인지 아닌지를 묻기보다 그분이 누구의 편인지를 질문한다. 성경의 계시를 따른다면 진리의 가치를 무시하는 이런 질문에 대해 어떻게 답해야 할까?

성찰과 적용을 위한 질문

2. 진리를 말과 행위로 전할 때, 우리의 문화적 전제로 인해 진리가 왜곡되는 일이 없도록 하려면 어떤 노력을 기울여야 하겠는가? 성경에 대한 우리의 이해와 해석이, 성령께서 성경 기자들에게 영감을 주실 때 의미하신 바임을 확신하기 위해 어떤 방법을 사용해야 하는가? 우리가 이해하는 바가 다른 사람들과 다를 때 우리는 무엇을 해야 하는가?

3. 선호하는 성경 구절만이 아니라 성경 전체를 연구하기 위해 어떤 방

법을 택할 것인가? 그것이 왜 중요한가? 당신이 교회 지도자나 설교자라면, '하나님이 보내신 온전한 상담자'의 역할을 하기 위해 어떤 식으로 가르치겠는가?

4. 우리 주 예수 그리스도의 죽음과 부활은 어떻게 우리로 하여금 그분이 진리이심을 확신케 하는가? 사도행전 2:14-41을 읽으라. 베드로는 예수님의 정체성을 유대 청중에게 어떻게 설명하는가? 사도행전 17:16-36을 읽으라. 바울은 예수님의 정체성을 특정 이방 청중에게 어떻게 설명하는가? 이 설교들 가운데 어느 부분이 당신의 문화에서 예수님의 정체성을 설명하는 데 가장 도움이 되는가?

5. "사람들은 종종 개인적인 필요를 충족시키기 위해 그리스도께 나아온다. 그러나 그들은 그리스도께서 진리이심을 발견할 때 그와 함께 머문다." 이 관찰은 당신의 문화적 상황에 들어맞는가? 당신은 우리가 연구와 예배와 검증된 체험을 통해 "그분이 진리이심을 발견하도록" 어떻게 서로를 도울 수 있다고 생각하는가?

2. 진리 그리고 다원주의의 도전

탐구를 위한 질문

1. 당신이 다른 종교가 강력히 지배하는 문화 속에서 살고 있다면, 당신은 기독교 진리와 충돌하는 타종교의 진리 선언에 대해 어떻게 반응하겠는가? 그러한 상황 속에서 하나님과의 화해를 위한 유일한 길로

서 예수 그리스도와 그분의 유일성을 증거하는 가장 효과적인 방법들은 무엇이겠는가? 어려움들은 무엇이겠는가?

성찰과 적용을 위한 질문

2. 당신이 다양한 신앙의 사람들이 섞여 있는 다문화 사회에서 살고 있다면, 그 도전과 기회에 어떻게 반응해야 하겠는가? 유일한 구원자이신 예수님의 유일성을 확고히 붙들면서도 타종교인들에게 어떻게 순수한 사랑과 돌봄을 보여 줄 수 있을까?

3. 당신이 현재 포스트모던적 상대주의가 지배하는 사회에 살고 있다면, 어떤 도전과 기회들이 신실하고 창의적인 증거에 도움이 되는가? 포스트모더니티는 성경적 진리와 도덕을 어떻게 약화시키는가? 그 결과는 어떻게 나타날 것인가?

4. 지대한 영향을 미치는 정책 입안자들, 사람들의 생각을 형성하는 대학과 학교의 선생들, 미디어 공사자들과 같은 공적 영역에서 성경적 진리를 변호할 수 있는 변증가들을 어떻게 발굴·양성할 수 있겠는가? 지인 중에 이러한 분야에 있거나 이와 비슷한 영향을 미치는 위치에 있는 그리스도인들이 있다면, 그들을 위해 잠시 기도하라.

5. 기독교 진리는 삶 전체와 연관되어 있다. 우리의 개인 성경 공부와 교회에서의 설교 및 가르침을 통해, 어떻게 하면 삶의 모든 영역에서 하나님의 진리로 변화된 삶을 살도록 서로 도울 수 있겠는가?

3. 진리 그리고 일터

탐구를 위한 질문

1. 창세기 1:27-30과 창세기 2:15을 읽으라. 하나님이 사람들에게 이 땅을 "정복하고"(창 1:28) "그것을 경작하며 지켜야"(창 2:15) 한다고 말씀하셨을 때, 하나님이 뜻하신 것은 무엇이라고 생각하는가? 우리는 이 명령에 어떻게 순종할 수 있겠는가? 세상은 이 명령들을 어떻게 무시해 왔는가? 골로새서 3:23-24을 읽으라. 이 명령이 처음 귀를 기울이던 사람들을 그토록 놀라게 한 이유는 무엇이었는가? 당신의 직업이 즐거운 일이건 그렇지 않건 간에, 어떻게 하면 직업을 통해 주님을 섬기고 복음을 증거할 수 있겠는가?

성찰과 적용을 위한 질문

2. 노동은 하나님이 보시기에 분명히 좋은 것이며, 많은 문화에서 실업(unemployment)은 중요한 문제를 야기한다. 당신의 기독교 공동체는 유급이건 무급이건 만족스러운 노동 조건을 만들기 위해 무엇을 할 수 있겠는가?

3. "성-속"의 구분은 왜 허위인가? 당신은 삶에서 이 거짓된 개념을 어떻게 무너뜨릴 수 있겠는가? 또한 다른 사람들이 그렇게 하도록 어떻게 격려할 수 있겠는가? 우리가 진정으로 이것을 이해한다면 교회의 사역에 대한 우리의 생각은 어떻게 바뀌겠는가?

4. 목회자들이 다양한 일터에서 "성도들을 섬김의 사역을 위해 구비시키

려면" 어떤 실제적인 단계를 밟아 나갈 수 있겠는가? 이런 일이 그토록 드물게 일어나는 이유는 무엇이라 생각하는가? 무엇이 변화되어야 하는가?

5. 선교 사역은 자주 복음 전도 또는 교회 개척 둘 중 하나로 간주된다. 이것은 왜 선교를 부적절하게 이해한 것인가? 텐트메이커와 사업가들은 복음 전도자와 교회 개척자들이 갈 수 없는 곳에만 가야 하는가? 이들은 좀더 효과적인 선교를 위해 서로를 어떻게 보완할 수 있겠는가? 당신이 교회 지도자라면, 누가 선교사인지 아닌지에 대한 당신의 이해는 무엇인가? 혹시 변화되어야 할 필요가 있는가?

4. 진리 그리고 세계화된 미디어

탐구를 위한 질문

1. 당신이 문화에서 의사소통의 주된 방식은 무엇인가? 현대의 테크놀로지는 전통적 유형의 커뮤니케이션을 어떻게 변화시키고 있는가? 젊은 세대들은 구세대들과 어떻게 다르게 의사소통하는가? 부자들은 가난한 자들과 어떻게 다르게 의사소통하는가? 이것은 당신의 상황 속에서 교회에 어떤 영향을 미치고 있는가? 무엇이 잠재적 유익인가? 조심하고 경계해야 할 것들은 무엇인가?

성찰과 적용을 위한 질문

2. 당신의 환경에서 지배적인 미디어로 전달되는 세계관과 가치관은 무

엇인가? 그것들은 복음 친화적인가, 중립적인가, 아니면 성경적 진리와 충돌하는가? 어떻게 하면 우리는 그것들을 더 신중하게 비평할 수 있는가? 당신의 상황 속에서 선을 위해 미디어에 영향을 미치는 실제적인 방법은 무엇인가?

3. 효과적인 복음 전도와 가르침을 위해 우리는 어떤 미디어나 테크놀로지를 사용할 수 있겠는가? 당신과 당신의 교회, 혹은 당신의 선교단체는 어떻게 그것들을 활용하는가? 당신은 그것들의 효율성을 어떻게 평가하는가? 위험이 있다면 무엇이겠는가?

4. 어떤 현대 테크놀로지는 매우 비싸다. 돈과 기술, 인력 자원을 공유하기 위해 어떻게 하면 선교단체와 교회들 간에 동반자적 협력 관계를 계발할 수 있겠는가? 당신의 상황 속에서 그런 협력은 어떤 모습이 되겠는가?

5. 당신과 당신의 기독교 공동체는 책, 영화, 텔레비전, 라디오, 또는 신문과 같은 영향력 있는 미디어에서 일하는 그리스도인들을 지원하기 위해 어떤 실제적인 단계를 밟아 나갈 수 있겠는가? 미디어 분야에서 일하는 새로운 세대의 그리스도인들을 격려하기 위해 당신은 무엇을 할 수 있겠는가? 사람들이 자신들의 일에서 성경적 진리와 가치를 통합하도록 어떻게 도울 수 있겠는가? 특히 고용주가 성경적 가치를 공유할 수 없는 상황에서는 일과 성경적 가치의 통합을 어떻게 도울 수 있겠는가?

5. 진리 그리고 선교에서의 예술

탐구를 위한 질문

1. 역대기상 15:16, 역대기하 2:7, 역대기하 34:10-13, 그리고 시편 33:1-3을 읽으라. 이 구절들은 하나님이 아름다움을 기뻐하시는 것에 대해 우리에게 무엇을 말씀해 주는가? 당신은 어떻게 복음 전도와 기독교 공동체의 삶 속에서 모든 예술을 충만하게 사용할 수 있으며, 하나님이 주신 창의성의 은사를 환영할 수 있겠는가?

성찰과 적용을 위한 질문

2. 어떻게 하면 우리의 가정과 예배 장소를 많은 돈을 들이지 않고도 아름답게 만들 수 있을까? 왜 인간의 영이 추함보다는 아름다움 속에 있는 것이 중요한가? 난민 캠프나 판자촌과 같이 매우 누추하고 빈곤한 장소에서는 아름다움이 어떻게 피어날 수 있겠는가?

3. 당신의 문화에서는, 시, 음악, 연극, 이야기, 춤 등의 다양한 예술 영역 가운데 어떤 것이 가장 높이 평가받는가? 성경은 이 모든 것들이 소개될 뿐만 아니라, 그것이 이상적으로 활용되는 사례를 보여 준다. 어떻게 하면 믿지 않는 자들과 복음을 나눌 때, 그리고 신자들을 제자로 훈련할 때, 이런 것들을 더 잘 활용할 수 있겠는가?

4. 당신이 속한 기독교 공동체에서 예술 작품을 발표하고 함께 보고 듣고 즐길 수 있는 기회를 마련해 보라. 그림, 손뜨개, 이야기, 노래, 퀼트와 같은 다양한 것들을 출품할 수 있을 것이다. 하나님의 진리와 아름다

움이 드러나는 예술 분야들은 모두 복음을 위한 가교가 될 수 있다.

5. 시편은 본래 노래를 부르기 위한 책이었다. 주님의 백성은 항상 노래를 통해 그들의 예배, 신앙, 갈망을 표현해 왔다. 어떻게 시가 우리의 신앙을 공동체적으로, 그리고 개인적으로 강화하는 음악으로 표현될 수 있는가? 우리의 문화에서 사용되는 다양한 형태의 음악과 악기들은 모두 기독교적으로 사용하기에 적합한가? 당신의 관점을 이야기해 보라.

6. 진리, 과학, 그리고 새로운 기술

탐구를 위한 질문

1. 오늘날 과학 분야에서 새롭게 등장하는 기술들은 어떤 방식으로 국가 정책 혹은 문화에 영향을 미치고 있는가? 그것들은 성경적 진리에 도전할 수 있다. 어떤 면에서 그러한가? 기술의 발전은 특히 어느 분야에서 두드러지는가? 당신의 문화에서 인간의 번영에 가장 도움을 주는 기술과 과학적 진보는 무엇인가? 하나님 나라를 완성해 나가는 면에서 교회는 어떻게 이 진보들을 지지하고 이용할 수 있겠는가? 교회가 과학의 발전에 능동적으로 참여할 수 있는 방법은 무엇인가? 또 어떤 면에서 그 진보가 하나님을 영화롭게 하는 방향으로 나가도록 도움을 줄 수 있겠는가?

성찰과 적용을 위한 질문

2. 창세기 1:27-31을 읽으라. 우리가 "하나님의 형상으로" 창조되었다는

것은 무엇을 의미하는가? 창조세계 안에서 인간의 독특한 특성은 무엇인가? 우리는 어떤 면에서 다른 동물과 비슷하며 어떤 면에서 다른가? 이런 관점은 특별히 생명공학에 대한 우리의 생각에 영향을 미칠 것이다. 우리가 선을 분명히 그어야 할 특별한 문제들이 있는가? 사회에서 그러한 영역과 연관되는 공공 정책을 찾아보라. 그러한 정책들에 우리가 어떤 영향을 끼쳐야 하겠는가?

3. 의료 수준은 세계 각 지역마다 큰 차이를 보인다. 또 의료 서비스의 품질과 효과는 주로 경제적 조건에 밀접하게 관련되지만, 때때로 종교나 성에 대한 가치관과도 관련되어 있다. 당신의 문화에서 의료 영역 안에 숨어 있는 세계관은 무엇이며, 어떤 내용인가? 서구의 '과학적' 의학이 가진 강점과 약점은 무엇인가? 세계의 몇몇 지역에서 행해지고 있는 전통 의학의 강점과 약점은 무엇인가? 서구 의학과 전통 의학은 서로에게서 무엇을 배울 수 있는가? 세계의 가장 가난한 지역에서 의료 서비스를 발전시킬 수 있는 좋은 방법으로는 무엇이 있겠는가? 이를 위하여 세계 교회가 기여할 수 있는 일은 무엇인가?

4. 정보 기술은 다양한 측면에서 우리의 세계를 변화시키고 있다. 당신이 체감하고 있는 변화를 이야기해 보라. 정보 기술의 영향은 어떤 면에서 선하고, 어떤 면에서 해로운가? 또한 정보 기술은 오늘날의 세계 선교에 어떤 식으로 사용될 수 있겠는가? 기독교의 진리와 가치관을 약화시키는 기술들이 있다면 무엇인가? 특별히 우리가 주의를 기울여야 할 것들이 있는가?

7. 진리 그리고 공적 영역

탐구를 위한 질문

1. 하나님은 정부가 악을 처벌하고 선을 증진하기를 기대하신다. 그러나 오늘날 많은 정부들이 그 소임을 다하지 못하고 있다. 정부가 선한 정부이든 불의한 정부이든, 당신은 어떻게 정부를 향해 하나님의 진리를 증거하고, 선을 위해 일하도록 정부와 사회에 영향을 끼칠 수 있겠는가? 정부가 신자들 혹은 정권에 저항하는 사람들을 박해하거나 정당하지 않은 방식으로 억압하고 있다면, 당신은 이에 맞서 어떻게 기도하고 행동하겠는가? 당신의 정부가 합당하고 공정하게 시민들을 대한다면, 그리고 당신에게 언론의 자유가 있다면, 정치적 억압으로 고통당하는 다른 나라의 사람들을 돌아보고 그 나라의 상황에 변화를 일으키기 위해 기도하고 행동하라.

성찰과 적용을 위한 질문

2. 당신의 문화에서 부패는 어떤 방식으로 진행되고 있는가? 당신으로 하여금 부패에 가담하도록 압력을 가하는 것들은 무엇인가? 당신은 어떻게 저항하고 있는가? 부패에 저항하기 위하여 당신이 감당해야 할 어려움이나 대가는 무엇인가? 그리스도인들이 부패한 관행을 폭로하고 변화를 위한 압력을 가하기 위해 연대할 수 있는 방법은 무엇인가? 기만, 거짓말, 도둑질, 뇌물과 같은 여러 형태의 부패에 대해 정직하게 직면하고 현실적인 해결책을 의논해 보라. 서로를 위해 기도하라.

3. 19세기 초 영국의 노예 무역에 반대한 윌리엄 윌버포스의 캠페인을

다룬 영화 "어메이징 그레이스"(Amazing Grace)를 함께 관람하라. 좀더 가까운 곳에서, 기독교적 신념의 결과로 선한 변화를 일으킨 사람의 이야기를 찾아보라. 그 사람의 첫 출발은 어떠했는가? 국가의 크고 중요한 정책까지도 당신의 기도와 행동으로 변화될 수 있음을 기억하라.

4. 학자와 전문인의 세계에서 영향력 있는 그리스도인들이 존재하는 것이 왜 전략적으로 중요한가? 당신이 속한 공동체가 그들을 격려하고 그들을 위해 기도할 수 있는 방법을 찾아보라. 그들이 더 큰 영향력을 미치도록 서로 네트워크를 형성하게 하는 일에 어떻게 도움을 줄 수 있겠는가?

IIB 분열되고 깨어진 세상 속에서 그리스도의 평화를 이루기

1. 그리스도께서 이루신 평화

탐구를 위한 질문

1. 골로새서 1:19-20, 로마서 5:1, 이사야 53:5, 마태복음 5:9, 그리고 갈라디아서 5:22-23을 읽으라. 이 구절들은 평화의 참된 의미에 대해 우리에게 무엇을 말하는가? 왜 그것이 인간의 번영에 그토록 근본적인가? 우리 사회에서 갈등이 일어나는 주된 원인은 무엇인가? 기독교 공동체는 평화를 이루는 모범이 되고 있는가? 그렇지 않다면, 그 이유가 무엇이라고 생각하는가? 그리스도인들 가운데서, 그리고 사회 공동체에서, 주님이 우리에게 기대하시는 화해와 평화를 이루기 위해 우리가 행해야 할 실제적인 단계는 무엇인가?

성찰과 적용을 위한 질문

2. 에베소서 2:11-18을 읽으라. 유대인과 이방인 사이의 장벽을 무너뜨리는 일은 초대교회에서 왜 그토록 중요했는가? 그 일은 어떤 근거로 가능했는가? 이 말씀은 어떤 점에서 오늘날의 유대인들이 예수 그리스도의 복음을 들어야 할 필요가 있음을 보여 주는가? 감사하는 마음으로, 그리스도를 구세주로 믿는 유대 신자들을 위해 기도하라. 또

한 오늘날 유대인들에게 그리스도를 증거하는 사람들을 위해 기도하라.

3. 이 세상은 전쟁, 착취, 증오, 모든 종류의 불의로 인해 깊이 상처를 받고 있다. 대부분의 집단은, 과거 혹은 현재에, 다른 집단을 향해 잔인하게 행동했거나 잔인한 일을 겪었거나 불의를 주고받았다. 기독교 공동체와 세계 교회는 회개와 용서, 보상을 위해 무엇을 할 수 있겠는가? 그리스도인들이 평화 이루기나 거대한 잘못의 회복을 위해 선구적으로 사역한 사례를 찾아보라. 우리는 이전 세대가 저지른 죄에 대해서 책임을 느끼고 있는가?

2. 종족 갈등 속의 그리스도의 평화

탐구를 위한 질문

1. 창세기 11:1-9, 신명기 32:8, 사도행전 17:26, 그리고 요한계시록 5:9-10을 읽으라. 이 구절들은 우리의 인종 다양성이 지닌 문제와 가능성에 대해 우리에게 무엇을 가르쳐 주는가? 세계의 모든 인종 집단이 서로 조화를 이룰 수 있는 근거는 무엇인가? 그리스도인들은 종교 간의 충돌이 야기하는 인종 갈등에 대하여 무엇을 할 수 있는가? 어떻게 하면 그리스도인들이 서로 적대적인 인종 집단 가운데 용서와 은혜, 그리고 정의와 평화를 증진시킬 수 있겠는가?

성찰과 적용을 위한 질문

2. 우리는 '그리스도 예수 안에 하나'임을 경축할 뿐 아니라, 우리의 인종적 특별함과 우리에게 소중한 문화들을 환영할 수 있다. 지역 교회는 그것을 어떻게 실천할 수 있는가? 다문화 사회에서 단일 문화 교회로 존재하는 것은 복음을 거부하는 것인가? 인종 갈등 관계에 있는 그리스도인들 간의 화해를 위해서는 어떤 일이 일어나야 하겠는가? 그것을 위해 당신이 할 수 있는 일은 무엇인가?

3. 당신이 속한 사회에는 인종이나 종족이나 계층 간의 긴장, 증오, 차별, 또는 불의가 존재하는가? 교회를 너머 사회 공동체에 존재하는 이런 문제들을 해결하기 위해 교회는 어떤 역할을 해야 하는가? 어떤 식으로 정의를 드러낼 수 있겠는가?

4. 인종 갈등은 때로 그리스도인이라고 주장하는 집단들 간에도 일어난다. 또 어떤 국가에 대해 '기독교' 국가가 갈등을 일으킬 수도 있다. 이러한 일들은 그들이 복음을, 그리고 그리스도께서 죽음과 부활을 통해 행하신 일을 부적절하게 이해한 결과다. 우리의 복음 전도와 제자도, 그리고 가르침에서 변화되어야 할 것은 무엇인가?

5. 당신이 인종적 편견 때문에 불의한 대우를 받는다면 어떻게 행동하겠는가? 편견으로 박해를 받고 있는 상황이라 해도, 그리스도인으로서 할 수 있는 일과 하지 말아야 할 일이 있다. 각각 무엇인가?

3. 가난하고 억압받는 자들을 위한 그리스도의 평화

탐구를 위한 질문

1. 신명기 10:18, 미가서 6:8, 누가복음 1:52-55을 읽으라. 가난한 자, 과부, 고아, 외국인에게 하나님이 그토록 특별하게 관심을 가지시는 이유는 무엇이라 생각하는가? 이것은 가난한 사람은 옳고 부유한 사람은 그르다는 것을 의미하는가? 우리 기독교 공동체는 보호와 환대가 필요한 사람들을 위해 어떤 실제적인 방식으로 하나님의 사랑을 드러낼 수 있는가? 당신이 가진 자원들이 많건 적건 간에, 지역적으로나 세계적으로, 어떤 관대한 나눔의 행동을 취할 수 있겠는가?

성찰과 적용을 위한 질문

2. 당신의 문화에서는 노예화가 어떤 모습으로 드러나는가? 성 매매를 통해서? 폭력 조직의 노예가 된 불법 이민자들을 통해서? 노예 노동이 일어나는 노동 착취 현장을 통해서? 카스트 제도와 같은 사회 관습을 통해서? 이러한 노예화를 가능케 만든 사회적, 경제적, 정치적, 종교적 요인들은 무엇인가? 어떻게 하면 기독교 공동체가 변화를 일으키도록 노력할 수 있겠는가? 어떻게 하면 세계 교회가 함께 정치적, 경제적 권력을 향해 이들의 긴급한 구호를 요구할 수 있겠는가?

3. 사도행전 4:32-37, 갈라디아서 2:9-10, 로마서 15:23-29, 그리고 고린도후서 8-9장을 읽으라. 이 구절들이 관용과 나눔에 대해 가르쳐 주는 것은 무엇인가? 가난하건 부유하건, 당신의 상황 속에서 어떻게 하면 공동체적 사랑과 관용을 표현할 수 있겠는가? 당신의 문화에서 관

용 대신 욕심과 탐욕, 이기심을 부추기는 요소들은 무엇인가?

4. 부유한 사회에도 가난한 사람들이 모여 사는 지역들이 있다. 개인적·국가적 부는 때로 과거나 현재의 착취를 기반으로 형성되기도 한다. 어떻게 하면 우리 가운데 부유한 사람들이 좀더 정당한 사회와 좀더 정당한 세계 경제를 세울 수 있겠는가? 실제적인 단계에 대해 의논하고 계획을 세운 후 실행에 옮기라.

5. 미가 챌린지 선언(www.micahchallenge.org에 들어가 the Declaration으로 들어가 보라)을 읽거나 세계 관대함 운동(http://generositymovement.org, 로잔과 세계복음연맹과 연결되어 있는 운동)을 찾아보라. 당신은 관대한 나눔과 관련하여 개인적으로 또는 지역 교회와 함께 무엇을 할 수 있겠는가?

6. 우리는 돈을 기부하는 것 이외에 어떤 방식으로 관대함을 실천할 수 있는가? 그리스도인들이 우정으로, 이웃을 돌봄으로, 지역의 젊은이들에게 투자하는 시간으로, 또는 다른 활동들로 관대함을 실천한다면 당신의 사회에 어떤 변화가 일어나겠는가?

4. 장애인들을 위한 그리스도의 평화

탐구를 위한 질문

1. 당신의 문화 속에서 사람들은 신체 장애인과 정신 장애인을 어떻게

생각하는가? 사람들은 장애의 원인에 대해 어떤 생각을 가지고 있는가? 장애인들을 위해 어떤 지원이 누구에 의해 이루어지고 있는가? 필요하지만 빠져 있는 지원이 무엇인지 확인할 수 있는가? 당신은 어떤 실제적인 지원 활동에 참여할 수 있겠는가? 요한복음 9:1-3과 사도행전 3:1-10을 읽으라. 이 구절들은 각각의 경우 장애의 원인과 원인이 아닌 것에 대해 무엇을 말해 주고 있는가? 이 경우들에서 치유의 원인인 것과 아닌 것은 무엇인가?

성찰과 적용을 위한 질문

2. 당신의 문화에서는, 그리스도인들이 장애인에 대한 포용과 존중의 모범이 되기 위해 무엇을 하고 있는가? 어떤 면에서 다양한 장애를 가진 사람들이 공동체적 예배로부터 소외된다고 느끼는가? 당신의 교회나 선교단체가 장애인들을 좀더 포용하기 위해 무엇을 할 수 있겠는가? 어떻게 하면 장애인들로 하여금 공동체 전체의 유익을 위해 하나님이 주신 은사를 적극적으로 활용하고, 책임 있는 선교를 행하도록 격려할 수 있겠는가?

3. 많은 기도에도 불구하고 병이나 장애의 치유를 경험하지 못한 사람들을 어떻게 돌보아야 하는가? 당신은 어떤 성경 본문을 살펴보겠는가? 어떻게 하면 당신은 장애인들(일례로, 시각장애인이나 걷지 못하는 사람들)과 그들의 가족들이 일상을 더 잘 보낼 수 있도록, 그리고 교육의 기회를 쉽게 접하고 일자리를 찾을 수 있도록 지원할 수 있겠는가?

5. 에이즈를 앓는 사람들을 위한 그리스도의 평화

탐구를 위한 질문

1. 전 세계적으로, 어린이들을 포함한 수백만의 사람들이 HIV에 감염되었거나 에이즈에 걸려 큰 고통을 받고 있다. 어떻게 하면 교회는 에이즈로 고통받는 사람들에게 교회 안에서, 그리고 지역 사회에서, 그리스도의 사랑과 긍휼을 보여 줄 수 있는가? 이 무서운 질병의 전염을 막는 것과 관련하여 교회가 감당해야 할 역할은 무엇인가?

성찰과 적용을 위한 질문

2. HIV 전염의 주된 경로들은 무엇인가? 어떻게 하면 교회가 각각의 요인들에 대해 발언하고 행동할 수 있겠는가? 특히, 어떻게 하면 교회가, 하나님이 설계하신, 한 남자와 한 여자 사이의 신실한 결혼 관계 안에서 배타적으로 이루어져야 할 성적 결합에 대해 더욱 분명히 가르치고 증거할 수 있는가? 당신의 문화에서 그런 성경적 관점에 특별히 도전하는 것은 무엇인가?

3. 많은 어린이들이 태어나면서부터 HIV에 감염되고, 어린이와 어른들은 소독되지 않은 바늘 때문에, 또 에이즈 환자를 돌보다가 감염이 되고 있다. 어떻게 하면 이런 사람들이 성경이 말하는 과부나 고아들과 마찬가지로 지원과 사랑과 돌봄을 받을 수 있겠는가? 어떤 교육 프로그램이나 실제적인 단계가 감염률을 변화시킬 수 있겠는가?

4. 매춘(종종 가난 때문에 일어나는), 특별히 여성과 어린이를 팔아 넘기

는 인신매매, 장기간 집을 떠나 일해야만 하는 남자들의 문제 등이 HIV의 확산에 기여한다. 각각의 요인들에 대한 해결책으로서 국제적인 수준이나 규모가 작은 지역적인 수준의 계획을 구상해 보라. 복음은 그 각각의 요인들에 대해 무엇을 말하는가?

5. 우리는 HIV와 에이즈로 고통받는 자들에 대해 두려움과 거부감을 가지는 대신에, 어떻게 그들을 사랑하고 돌볼 수 있는가? 당신의 상황 속에서, 당신과 당신이 속한 기독교 공동체는 어떻게 이들을 향해 환대를 보여 줄 수 있겠는가?

6. 고통받는 창조세계를 위한 그리스도의 평화

탐구를 위한 질문

1. 당신의 지역에서는 환경 악화가 어떻게 나타나며 그 원인은 무엇인가? 당신이 속한 지역에서 이루어지는, 그 지역이나 세계의 다른 지역의 환경을 악화시키는 행동은 무엇인가? 교회는 지역적으로 어떤 변화를 추구할 수 있으며, 세계 교회는 어떤 행동을 함께 지지할 수 있겠는가? 당신의 교회는 환경 문제에 도움을 주기 위해 무엇을 하고 있는가? 모든 사람을 위한 더 건강한 세계를 만드는 일에 좀더 기여할 수 있는 삶의 양식은 무엇인가? 구체적인 예를 생각해 보라. 생활 양식의 변화를 위해 헌신하라.

성찰과 적용을 위한 질문

2. 당신이 경제적으로 부유한 환경에 산다면, 개인적으로나 공동체적으로 화석 연료나 화학 물질의 사용을 줄일 방법들은 무엇인가? 비용이 들더라도 좀더 지속 가능한 삶으로 나아가기 위해 무엇을 할 수 있겠는가? 경제적으로 가난한 지역에 산다면, 환경 문제와 관련하여 특별한 도전은 무엇인가? 빈곤의 상황이라 할지라도 좀더 지속 가능한 삶에 기여할 수 있는 방법은 무엇인가?

3. 급속히 증가하는 세계 인구 문제와 관련하여, 인류의 번영과 건강한 창조세계 유지의 균형을 회복하려면 어떤 변화가 일어나야 하는가? 어떤 지역의 인구 과잉과 기아나 다른 비극 사이에는 어떤 관계가 있는가? 정부는 인구 성장과 자원 사용 사이의 균형을 유지하기 위해 노력해야 하는가? 교회는 이 논의에 어떻게 기여할 수 있겠는가?

4. 당신의 교회와 함께, 지역의 생태계를 건강하게 회복시킬 달성 가능한 과제를 계획하라. 그 계획과 계획의 성취 사이에서 어떤 단계를 밟아야 하는가? 일시적이 아닌 영속적인 변화를 위해 무엇을 해야 할 것인가?

5. 누가복음 12:13-21과 골로새서 3:5-14을 읽으라. 이 구절들은 탐욕의 본성과 그 결과에 대해 무엇을 가르쳐 주는가? 탐욕과 소비주의에 사로잡힌 세계에서, 우리는 검소하고 관대한 삶을 살기 위해 어떤 변화를 이루어 내야 하는가? 우리는 우리의 아이들에게 어떻게 긍정적인 방식으로 이 가치관들을 가르치는가? (이 문제는 부자들에게만 해당되는 것이 아님을 기억하라!)

IIC 타종교인들 속에서 그리스도의 사랑을 실천하기

1. "네 이웃을 네 몸과 같이 사랑하라"는 명령은 타종교인들을 포함한다

탐구를 위한 질문

1. 사도행전 17:22-34, 시편 100편, 그리고 베드로전서 3:15-16을 읽으라. 이 구절들은 타종교인들에게 그리스도를 증거할 필요와 방법에 대해 무엇을 말해 주는가? 불공정한 압력을 가하거나 사람들의 약점을 이용하는 등 강압적 방식을 취하지 않는 것이 왜 그토록 중요한가? 어떤 형태의 활동이 종교 간 우정을 세우고 평화를 이루는 데 실제적으로 도움을 준다고 생각하는가? 또 그렇지 않은 활동은 무엇이라 생각하는가? 우리는 자녀들에게, 한 분이시요 유일하신 하나님께 복종하지 않는 타종교인들을 사랑하는 것을 어떻게 가르칠 수 있는가?

성찰과 적용을 위한 질문

2. 당신이 속한 지역 공동체에서는 어떤 다른 종교가 영향력이 있는가? 그리스도인들은 그 종교의 사람들과 어떤 관계를 맺는가? 당신이 타종교인들이 소수인 사회에 살고 있다면 어떻게 특별하게 그들을 돌보아야 하는가? 그리스도인들이 소수인 사회에서 살고 특별히 박해가 심한 곳에 살고 있다면, 당신은 당신을 박해하는 사람들을 사랑하고

그들에게 증거하라는 그리스도의 명령을 어떻게 수행할 수 있는가?

3. 누가복음 10:25-37의 선한 사마리아인의 이야기를 읽으라. 유대인과 사마리아인들이 매우 다른 신앙을 가진 원수들임을 알았던 예수님의 청중은 이 이야기에 어떻게 반응했으리라고 생각하는가? 사도행전 10장의 고넬료와 베드로 이야기를 읽으라. 특히 사도행전 10:1-8, 28, 34-35, 44-48을 주목하라. 이 구절들은 선한 행동이 구원의 조건이라고 말하는가? 가난한 자들에 대한 긍휼과 관대함과 선한 성품을 지니고 있어 자칭 그리스도인들에게 부끄러움을 주는 타종교인들을 만날 때, 우리는 그들의 하나님과의 관계를 어떻게 이해해야 할까? 또 우리는 그들을 위해 어떻게 기도해야 할까?

4. 오늘날 세계에서 가장 문제가 많은 지역은 종교 간 갈등이 있는 지역이다. 지역적으로나 세계적으로 그리스도인들은 어떻게 평화를 이루는 자들이 될 수 있는가? 특별히 자신들의 정부가 무슬림과의 전쟁에 가담하고 있는 서구 그리스도인들은, 어떻게 하면 사랑의 계명과 평화를 이루라는 명령에 순종할 수 있겠는가?

2. 그리스도의 사랑은 우리에게 복음을 위해 고난당하고 때로는 죽음을 감수하도록 요구한다

탐구를 위한 질문

1. 마태복음 16:24-26을 읽으라. 당신의 삶과 공동체에서는 자기를 부

인하고 매일 십자가를 지는 것이 실제로 어떻게 드러나는가? 왜 그러한 헌신은 끊임없이 반복되어야 하는가? 당신의 상황에서 이 가르침에 순종하는 것을 어렵게 만드는 문화적·가족적 요인은 무엇인가? 진정한 제자도는, 최선인 경우 대항문화적일 것이며, 최악의 경우 박해를 야기할 것이다. 우리는 고통스러운 결과를 예상할 때조차 삶의 모든 영역에서 그리스도께 신실하기 위해, 어떻게 서로를 도울 수 있겠는가? 우리의 고통이 우리 자신의 어리석음의 결과가 아니라 진정으로 그리스도 때문이라는 것을 어떻게 확신할 수 있는가?

2. 고난을 받으라는 주님의 부르심과 복을 주실 것이라는 그분의 약속을 어떻게 조화시킬 수 있는가? 주님과 그분의 복음에 전적으로 헌신하는 제자도가 왜 복뿐만 아니라 고난으로 우리를 이끄는가? 특별히 우리가 문화를 넘어 복음과 복음적인 삶을 나누거나, 그리스도를 따르기 위해 이전의 신앙으로부터 회심할 때, 왜 고난이 있을 수밖에 없는가? 우리는 왜 그러한 고난을 가치 있는 것으로 여기는가? 무엇이 우리로 하여금 그것을 견디도록 격려해 주는가?

3. 우리는 박해와 순교를 말할 때 선정주의의 위험을 어떻게 피할 수 있는가? 그것이 왜 중요한가? 박해와 순교를 보고할 때 어떻게 정직을 지킬 수 있는가? 당신의 상황에서 어떤 신뢰할 만한 자료들이 존재하는가? 박해 아래서 어떤 그리스도인들은 더욱 강해지고 견고해 지지만, 다른 이들은 주님으로부터 등을 돌린다. 그렇게 만드는 특별한 요인들이 있는가? 그리스도인들이 고난받고 있다고 알려진 지역을 위해 잠시 기도하라.

4. 어떤 고난은 타락한 세상으로부터 오는 것이며, 모든 종교의 사람들에게 영향을 준다. 그리스도인들이 좀더 안전하고 나은 삶을 위해 지역을 떠날 기회가 있다면 떠나야 하는가, 아니면 머물러서 그리스도의 사랑으로 공동체를 섬겨야 하는가? 교외의 안락함을 위하여 가난하고 건강하지 않은 도심을 떠날 것을 고려하는 그리스도인을 어떻게 상담하겠는가? 합법이건 불법이건 좀더 부유한 나라로 이주하기를 소망하는 그리스도인을 어떻게 상담하겠는가? 고난이 있는 지역에 머무는 것, 또는 복음을 위해 의도적으로 더 큰 고난이 있는 지역으로 이주하는 것의 적절성을 어떻게 판단할 수 있는가?

3. 행동하는 사랑은 은혜의 복음을 몸으로 나타내고 매력 있게 만든다

탐구를 위한 질문

1. 행동하는 사랑은 하나님의 은혜를 어떻게 증거하는가? 눈에 보이는 사랑과 섬김의 행위는 거룩한 성품과 함께 복음 전파에 정말로 필수적인가? 만일 그러하다면 이것은 우리의 복음 전도와 교회 개척 전략에 어떤 영향을 미쳐야 하는가? 어떻게 하면 행동하는 사랑이 매일, 그리고 삶의 모든 영역에서 우리 삶에 영향을 미치게 할 수 있는가?

성찰과 적용을 위한 질문

2. 당신은 무슬림과 불교 신자, 힌두교 신자, 그리고 세속주의자에게 각각 어떻게 '은혜'를 설명하겠는가? 이들이 은혜를 이해하는 데 방해가 되는 걸림돌은 무엇인가? 앞선 말보다 행동하는 사랑이 더 강력한 이

유는 무엇인가? 또 실제로 더 오랜 기간 동안 영향을 끼치는 이유는 무엇일까?

3. 개인뿐 아니라 기독교 공동체가 함께 그리스도의 변혁적인, 그리고 변화시키는 은혜를 증거하는 것이 왜 중요한가? 당신은 어떻게 은혜를 보여 줄 수 있는가? 당신이 기독교 신앙을 가지는 것이 불법이거나 종교적 박해를 받는 상황에서 살고 있다면, 은혜를 보여 주는 것은 어떻게 작용하는가?

4. 삶을 통해 은혜의 복음을 증거한 사람들의 이야기를 모아 보라. 그들이 삶으로 그리고 말로 전한 간증의 영향은 무엇이었는가? 그들로 인해 하나님께 감사하면서 과거의 그리스도인들을 기념하는 노래를 지어 보라.

5. 복음을 위해 세상의 어려운 지역들 중 한 곳으로 가거나 그곳에 머무는 것이 왜 그토록 어려운가? 세계 교회는, 미전도 종족에게 의미 있는 반응이 있건 없건 오랫동안 복음의 씨를 뿌리는 사역을 하기 위해 무엇을 함께 해야 하는가? 이 사역은 제자도의 자질 중 어떤 것을 요구하는가? 그런 자질은 어떻게 양육될 수 있는가?

4. 사랑은 제자도의 다양성을 존중한다

탐구를 위한 질문

1. 사도행전 11:1-3, 13-18, 그리고 19-24을 읽으라. 익숙하지 않은 것에서 하나님의 손길을 분별하는 것이 왜 어려운가? 우리는 이 두 이야기로부터 무엇을 배울 수 있는가? 스스로 신자라고 주장하지만 믿음을 표현하는 방식은 우리와 매우 다른 사람들을 접할 때, 이 두 이야기는 우리에게 어떤 분별의 원리를 제공하는가? 우리와 전통이 다르고 신앙 표현이 다른 교회가 이미 존재하는 곳에 교회를 개척한다면, 우리는 새로운 교단을 개척해야 하는가? 왜 그런가? 왜 그렇지 않은가?

성찰과 적용을 위한 질문

2. 다른 종교 출신의 사람들이 그리스도께 나아올 때, 그들이 어떤 부분에서 과거의 삶의 양식을 유지할 수 있고, 어떤 부분은 버려야 하는지를 분별하는 데 필요한 원리는 무엇인가? 당사자가 아닌 외부자들이 그것을 결정할 수 있는가? 왜 그런가? 왜 그럴 수 없는가? 회심 이전의 공동체와 가능한 한 가깝게 지낸다면 그로써 얻는 장점과 위험한 점은 무엇인가?

3. 로마서 12:1-2을 읽으라. 말씀과 성령이 겸손하고 헌신된 제자를 어떻게 교훈하는가? 오랜 기독교의 역사를 지닌 지역이든 그렇지 않은 곳이든 간에 모든 신자들에게 이 교훈이 왜 중요한가? 우리는 책임 있는 상황화(문화 속에 복음이 성육신하는것)와 급진적 순종(하나님의 말

씀이 우리 문화를 판단하게 하는 것) 사이에서 어떻게 균형을 잡고 있는가?

4. 같은 성경을 읽는 그리스도인들이 믿음과 행위의 문제에 대해 다른 결론에 이르는 이유는 무엇인가? 우리는 의견의 불일치를 어떻게 다루어야 하는가? 교회가 하나님의 은혜 안에서 점차 세계화되어 갈 때, 또한 점차 다양해진다. 다양화는 문제가 되는가? 우리는 모두 동일하게 보여야 하는가? 복음을 중심으로 하나 된 하나님 가족의 다양한 구성원들은 어떻게 하나됨과 다양성 모두를 환영하며 하나님께 영광 돌릴 수 있겠는가?

5. 사랑은 흩어져 있는 사람들을 향해 나아간다

탐구를 위한 질문

1. 구약성경과 신약성경에서, 시대미다 하나님의 백성들이 이주를 하게 되는 이유는 각각 무엇인가? 하나님은 이러한 다양한 상황들을 어떻게 사용하셨는가? 그것은 오늘날 우리에게 어떤 기본적인 교훈을 주는가? 본래 하나님 백성의 일부가 아니었던 사람들의 이동에 대해서는 무엇을 볼 수 있는가? 그로부터 무엇을 배울 수 있는가? 왜 사람들은 오늘날 영구적으로건 임시적으로건(예를 들어 학생으로서) 이주를 하는가? 어떤 이유로든 이주를 통해 우리에게 온 "흩어진 민족들"에게 우리는 어떻게 반응해야 하는가?

성찰과 적용을 위한 질문

2. 당신의 문화에서 사람들이 이민을 오고 이민을 가는 이유는 무엇인가? 개인 이주자들과, 사회와, 남겨진 공동체에 어떤 사회적·경제적·정서적 문제들이 생겨나는가? 그들이 들어간 사회와 그들이 떠나 온 사회에 어떤 유익이 있는가? 현재 수준의 이주는 유지 가능하고 건강한가? 그렇다면, 왜 그러한가? 그렇지 않다면, 왜 그렇지 않은가?

3. 이민자들과 국제 학생과 학자들 사이에는 어떤 특별한 선교의 기회들이 존재하는가? 그리스도인들은 이민자들을 향해 어떤 특별한 돌봄을 제공해야 하며 왜 그런가? 당신의 기독교 공동체는 이 점에서 어떻게 적극적일 수 있겠는가? 이민자들이 거주하는 국가의 교회들은 어떻게 하면 그리스도인 이민자들과 국제 학생들로 하여금 새로운 상황에서 주님을 온전하게 섬기도록 도울 수 있는가? 어떻게 하면 이민자 그리스도인들은 자신의 문화 구역으로 후퇴하지 않고, 이민 온 나라의 믿지 않는 사람들에게 복음을 들고 나아갈 수 있는가?

4. 고향이나 나라를 떠난 사람들이 가진 특별한 문제는 무엇인가? 오늘날의 이주자들 중 다수는 그리스도인들이고, 또 다른 다수는 타종교인들이며, 대부분은 전쟁, 빈곤, 그리고 기아를 피해 나온 사람들이다. 그들을 향해 돌봄 베풀 때 그리스도인을 우선적으로 도와야 할까? 사랑을 표현하기 위한 실제적인 단계들은 무엇인가?

5. 당신의 지역으로 들어온 이주자들이 누구인지 알아 보라. 그들은 한 지역이나 부족 집단에서 또 다른 지역이나 부족 집단으로 쫓겨난 국

내 이주자일 수도 있고, 다른 나라로부터 왔을 수도 있다. 그들은 어려움이나 빈곤을 피해 온 것인가, 아니면 자발적으로 공부나 일을 하기 위해 온 것인가? 이 이주자들 가운데서 그리스도인이 거의 없는 집단에서 온 사람들이 있는가? 하나님의 사랑으로 그들에게 다가가기 위해 당신은 무엇을 하겠는가?

6. 사랑은 모든 사람의 종교적 자유를 위해 일한다

탐구를 위한 질문

1. 인류의 번영과 관련하여 자유는 왜 그토록 소중한 가치를 지니는가? 어떤 나라와 민족 집단에서는 왜 그토록 심하게 종교의 자유를 억압하는가? 종교의 자유를 가진 우리는 우리가 누리는 특권을 온전히 감사하는가? 종교의 자유가 없는 사회에 사는 우리는 복음을 전하지 않는 핑계로서 그것을 이용하고 있진 않은가? 다니엘서 1장과 3장을 읽으라. 자유가 없을 때조차 하나님께 신실한 태도에 대해 무엇을 배울 수 있는가?

성찰과 적용을 위한 질문

2. 인간의 권리와 종교의 자유는 성경적 가치관인가 아니면 서구 민주주의와 문화적 가치관인가? 종교의 자유가 없는 이들을 위해 그것을 변호하는 것이 정당한가? 그렇다면, 그런 변호에 우리는 어떻게 참여해야 하는가? 정부가 종교의 자유를 공언하지만 실제로는 어떤 제한이 있지는 않은가? 우리는 어떻게 반응해야 하는가?

3. 그리스도인들은 타종교인들의 종교의 자유에 대한 권리도 옹호해야 하는가? 이러한 행위는 어떤 오해를 일으킬까? 보편적 종교의 자유를 지지하면서도 그리스도의 유일성에 대한 신앙고백을 유지하려면 무엇을 해야 하고 무엇을 말해야 하는가?

4. 그리스도인들이 국가의 법에 대해 저항해야 하는 상황은 어떤 상황인가? 일반적으로, 그리스도인들이 선한 시민이 됨으로써 공적 영역에서 복음을 드러낼 수 있는가? 당신의 지역 공동체에서 그리스도인들이 공적인 섬김의 행위를 통해 그리스도를 증거할 수 있는 방법은 무엇인가?

5. 마태복음 5:16, 고린도전서 10:31-11:1, 그리고 베드로전서 2:11-17을 읽으라. 이 구절들은 자유의 적절한 사용에 대해 우리에게 무엇을 말해 주는가? "선한 삶을 사는 것"의 결과는 무엇인가? 당신의 문화에서 그런 삶은 어떻게 드러나는가? 거룩한 삶을 사는 것이 때로 박해를 불러일으키는 이유는 무엇인가?

IID 세계 복음화를 위한 그리스도의 뜻을 분별하기

1. 미전도 종족과 미접촉 종족

탐구를 위한 질문

1. 전 세계에서 복음을 들어 본 적이 없는 집단이 여전히 많이 존재하는 이유가 무엇이라고 생각하는가? 이러한 상황을 변화시키기 위해 세계 교회와 당신의 지역 교회에서는 무엇이 변화되어야 하는가? 당신의 교회나 선교단체의 미전도 종족 집단에 대한 인식을 높이기 위해, 그리고 기도와 다른 행동을 권면하기 위해 당신이 개인적으로 실천할 수 있는 일들은 무엇인가?

성찰과 적용을 위한 질문

2. 오늘날 세계 교회의 대부분의 자원이 기존 교회를 위해 사용되는 이유는 무엇이라고 생각하는가? 당신의 교회나 선교단체에서, 어느 정도 비율의 인력 또는 재정적 자원이 가까운 지역이든 먼 곳이든 '외부' 사람들을 접촉하는 데 사용되고 있는가? 우리는 주님을 아직 알지 못하는 사람들을 축복하기 위해 사람들을 보내고 재정을 나누는 일에서, 어떻게 하면 관대함의 정신을 기를 수 있겠는가?

3. 어떻게 하면 개척(복음이 도달한 적이 없는 미전도 지역이나 재복음화가 필요한 사회에 들어가는 것)과 기존 교회의 온전함과 성숙을 추구하는 것 사이의 균형을 잡을 수 있는가? 개척 상황에서 깊이 있고 지속적인 제자 훈련이 따르지 않을 때 어떤 일이 일어나는가? 효과적인 개척을 위해 장기적인 노력이 필요한 이유는 무엇인가? 특별히 다른 종교의 영향권에 속한 미전도 종족들 중 다수가 전통적인 형태의 기독교 선교를 허락하지 않는데, 그러한 환경에서 가장 효과적으로 섬길 수 있는 사람은 누구인가?

4. 디모데후서 2:15과 3:12-17을 읽으라. 제자를 삼는 데 있어서 하나님의 말씀은 왜 필수적인가? 모든 그리스도인들이 하나님 말씀을 가르쳐야 하는가, 아니면 일부 전문적인 목회자-교사만 가르쳐야 하는가? 그들은 어떻게 서로를 보완할 수 있겠는가? 당신의 상황에서 목회자-교사들은 어떤 식으로 선발되고, 훈련받으며, 지원받는가? 그들은 목양 사역(기존 신자들을 돌보는 사역)뿐 아니라 선교 사역(미전도 종족에게 전도하고 선교를 가르치도록 돌보는 사역)에도 힘쓰도록 권고받고 있는가? 변화가 필요한 부분은 무엇인가? 어떻게 하면 우리 모두가 선교적인 눈과 귀를 가지고 성경을 읽고 말씀에 귀 기울일 수 있겠는가?

5. 당신은 모국어 성경을 가지고 있는가? 어떤 이들은 성경은 이해를 돕는 번역본 및 자료들을 활용할 수 있다. 반면 어떤 집단은 그들 자신의 언어로 된 성경이 거의 없거나 아예 없다. 우리는 이 불균형을 어떻게 보아야 하겠는가? 수천 명의 사람들만 사용하는 언어로 성경을

번역하는 데 상당한 자원을 투입하는 것이 옳은가? (성경을 가지고 있지 않은 집단이 항상 규모가 작은 것은 아니다!) 오늘날 성경 번역 사역에 헌신한 사람들을 위해 기도하라.

6. 디지털 혁명과 미전도 종족 선교는 어떤 관련이 있는가? 무엇이 유익한 면이며 무엇이 위험 요소인가? 특정한 성경 구절들만을 전파하는 것의 유익은 무엇이며 위험성은 무엇인가? 이것은 전도 소책자를 사용하거나 주요 성경 본문을 가지고 복음을 전하는 것과 어떤 차이가 있는가? 어떻게 하면 미디어와 다른 많은 수단들을 더 나은 방법으로 활용할 수 있는가?

2. 구술 문화

탐구를 위한 질문

1. 당신이 문화에서 사람들은 어떤 식의 의사소통을 선호하는가? 당신은 여러 가지 목적에 맞게 다양한 의사소통 방식(기록이나 구술)을 사용하는가? 당신의 문화에서 글을 읽을 줄 아는 사람들은 성경과 여러 자료를 접할 수 있는가? 접할 수 있다면, 그들은 그것들을 읽는가? 그렇지 않다면 그 이유는 무엇인가? 어떻게 하면 글을 읽고 쓰는 것을 힘들어하는 사람들, 또는 책이 희귀하거나 비싼 지역에 있는 사람들에게 하나님 말씀을 가르칠 수단을 만들어 낼 수 있겠는가? 대부분의 초대교회 신자들은 구두로 전해지는 복음을 듣고 배웠다. 이 사실은 어떻게 우리를 교훈하고 격려하는가?

성찰과 적용을 위한 질문

2. 텔레비전과 영화는 전통적으로 인쇄물 중심이던 사회에서 의사소통 매체를 어떻게 변화시켰는가? 교회는 전도 대상자 또는 기존 신자들을 대할 때 이런 변화를 고려하여 무엇을 해야 하는가? 영화 "예수"가 글을 읽고 쓰는 사회와 그렇지 않은 사회 모두에서 큰 효과를 거두었던 것은 무슨 이유에서인가? 성경 교육을 더욱 확산시키기 위해 이 사례를 어떻게 발전시킬 수 있겠는가? 우리는 성경 본문에 충실한 태도, 자료를 영화화하는 데 필요한 상상력, 그리고 그 외의 것들을 어떻게 다룰 것인가?

3. 어떻게 하면 당신이 속한 선교단체가 듣는 것을 통해 복음을 배우는 사람들에게 성경의 진리를 창의적으로 전하게 할 수 있을까? 적합한 자료들을 만들기 위해 얼마나 많은 재정을 투자하는가? 어떻게 하면 교회, 선교단체, 라디오 사역자, 성경 구술 자료 제작자 등이 서로를 좀더 잘 도울 수 있을까?

4. 당신이 속해 있거나 섬기는 문화에는 전통적인 예술 양식(예를 들어 춤, 연극, 시, 그림, 음악)으로서 어떤 것이 있는가? 복음을 전하고 신자를 교육시키고 훈련시키기 위해 이런 예술양식들을 어떻게 이용할 수 있겠는가? 적절한 범위 안에서 이 양식들을 채택하고 사용하려면 어떤 원리가 필요하겠는가? 성구 암송이나 설교 내용을 기억해 내는 데 찬송가와 노래들이 종종 더 효과적인 이유는 무엇인가? 우리는 이로부터 무엇을 배워야 하는가?

3. 그리스도 중심의 지도자들

탐구를 위한 질문

1. 열왕기하 15:1-4, 8-9, 17-18, 32-35과 열왕기하 18:1-8을 읽으라. 거룩한 지도자와 세속적인 지도자에 대해 배울 점은 무엇인가? 그들이 백성에게 미친 영향은 무엇이었는가? 리더십이 엄숙한 책임이 되는 이유는 무엇인가? 누가복음 22:24-27, 디모데전서 3:1-13, 베드로전서 5:1-6을 읽으라. 이 구절들은 그리스도인 지도자의 성품과 과제와 역할에 대해 무엇을 가르쳐 주는가? 어떻게 하면 지도자들을 그리스도를 중심에 모시는 사람들로 양육할 수 있을까?

성찰과 적용을 위한 질문

2. 일반적으로 리더십은 종종 가족 안에서, 혹은 사회적 신분이나 부, 권력, 또는 교육 수준과 맞물려 승계되는 경우가 많다. 그렇다면 그리스도인 지도자들은 어떻게 임명되어야 하는가? 이러한 문화적 요인들은 당신의 문화에서 얼마나 중요하게 작용하는가? 섬기는 리더십이 일반적인 문화를 거스르는 이유는 무엇인가?

3. 목회자와 지도자들을 훈련하는 가장 좋은 방법은 무엇인가? 당신의 문화에서 현재 일반적으로 실행하고 있는 훈련 방식 중 효과가 있는 것은 무엇인가? 변화되어야 할 것은 무엇인가? 특별히, 깊이 있는 제자도와 하나님 말씀을 이해하고 가르치도록 훈련하는 데 가장 적절한 방법은 무엇인가?

4. 당신이 지도자라면 당신은 (주님 외에) 누구의 권고를 받는가? 실제로 그 관계는 어떤 효과가 있는가? 당신은 유혹과 죄를 피하고 정직함과 주님과의 지속적인 친밀함을 기르기 위해서 무엇을 해야 하는가?

5. 교회와 선교단체 구성원들은 하나님이 책임을 부여한 지도자들을 후원하고 격려하기 위해 무엇을 해야 하는가? 우리가 성경적 원리보다는 종종 문화의 영향을 받아 지도자들에게 기대하는 바는 무엇인가? 우리가 지도자들에게 동의하지 않는 경우, 또는 지도자가 죄와 무능함 탓에 실패한 경우에 우리는 무엇을 해야 하는가?

4. 도시

탐구를 위한 질문

1. 하나님의 계시는 동산에서 시작되어(창세기 2:8) 도시에서 종결된다는 (요한계시록 21장) 말을 종종 들어 왔다. 요한계시록 21장을 읽으라. 이 완벽한 도시의 특징은 무엇인가? 당신 주위의 도시들은 이 도시와 어떤 면에서 대조되는가? 당신이 아는 다른 도시들과는 어떻게 대조되는가? 사도행전에서, 사도들이 종종 도시를 중심으로 사역하는 이유는 무엇인가? 복음 전파에서 도시들이 제공하는 특별한 기회들은 무엇이며 도전 요인들은 무엇인가? 무엇이 사람들을 도시로 이끄는가? 무엇 때문에 사람들은 도시를 벗어나기 원하는가?

성찰과 적용을 위한 질문

2. 도시화가 급속하게 이루어지고 있는 상황에서, 부유한 지역에서든 빈곤한 지역에서든, 전통적 복음 전도는 어떻게 변화되어야 하는가? 교회는 도시를 아끼고 사랑하는 의미 있는 공동체들을 세울 수 있는가? 로마 가톨릭과 오순절 교회가 대부분의 개신교도들이나 많은 복음주의자들보다 가난한 도시 지역을 더 효과적으로 섬기는 이유는 무엇인가? 우리는 이로부터 무엇을 배울 수 있는가?

3. 도시에서 종종 소요와 혁명이 일어나는 까닭은 무엇인가? 기독교 공동체는 이러한 사건을 일으키는 문제들에 대해 어떤 말을 할 수 있는가? 전문직에 종사하는 그리스도인들(건축가, 정치인, 교사, 기업인 등)은 자기 직업을 통해 어떻게 도시의 행복과 정의에 기여할 수 있는가?

4. 도시는 종종 다양한 인종적·종교적 배경을 지닌 사람들이 가까이 지내게 되는 곳이다. 그러나 도시 사람들은 대부분 의미 있게 삶을 공유하지 않는다. 그러한 환경 속에서 그리스도인들이 져야 할 특별한 책임은 무엇인가? 도시의 교회들은 서로 동떨어져 독자적으로 존재한다. 우리 도시에 복음이 더 큰 영향을 미치게 하려면 우리는 무엇을 해야 하는가?

5. 어린이

탐구를 위한 질문

1. 마가복음 9:33-37과 마가복음 10:13-16을 읽으라. 이 본문들은 어린이를 향한 예수님의 태도에 대해 무엇을 가르쳐 주는가? 교회들은 오늘날 이같이 어린이들을 대하고 있는가? 어른들에 대한 예수님의 태도에서는 무엇을 배울 수 있는가? 세계 인구가 급속히 늘어나고 있는 가운데, 어린이들의 삶을 제멋대로 조종하지 않고 존중하면서도 많은 어린이들에게 복음을 전하기 위해서는 어떤 전략을 계발해야 하는가? 부모가 다른 종교를 갖고 있거나 종교가 없을 경우에 어린이들을 제자 삼으려 시도하는 것은 윤리적인가? 이러한 상황에서 우리는 어떤 원리들을 따라야 하는가?

성찰과 적용을 위한 질문

2. 당신의 문화에서 어린이들에게 영향을 미치는 사람은 누구인가? 그들에게 영향력 있는 매체와 문화는 어떤 것인가? 어떻게 하면 어린이들을 효과적으로 제자 삼을 수 있겠는가? 어른들처럼 아이들 역시 "세상 안에 있되 세상에 속하지 않도록" 부름받았다면, 이들에게는 어떤 특별한 도전들이 주어지는가? 어린이가 기독교적 환경에만 둘러싸여 아동기를 보내게 해야 하는가? 찬성한다면 그 이유는 무엇이며, 반대한다면 그 이유는 무엇인가?

3. 믿는 어린이들은 예배와 봉사 활동에서 어떤 식으로 교회의 삶에 기여할 수 있는가? 어떻게 가르쳐야 그들이 기도를 배우고 성경에서 교

훈을 얻을 수 있을까? 그들이 일상에서 친구들에게 예수님을 증거하도록 하려면 어떻게 권면해야 하는가? 그들이 신앙적으로 성숙하도록 도울 수 있는 방법은 무엇인가? 주위로부터 오는 지적·도덕적 도전에 잘 대응하도록 어떻게 도울 수 있는가?

4. 그리스도인 가정에서 자란 많은 어린이들이 청소년기나 청년기에 신앙을 떠나는 이유는 무엇인가? 부모가 신앙을 다음 세대에 전수할 수 있도록 어떻게 도울 수 있을까? 그것은 어째서 반드시 필요한 일인가? 우리는 이를 위해 믿음을 가진 부모와 조부모를 어떻게 지원할 수 있는가?

5. 상처 입기 쉬운 어린이들을 더 잘 돌보고, 학대나 어린이 매매, 아동 매춘을 막기 위해 어떤 행동을 할 수 있는가? 어린이 노동으로 만들어진 상품을 사는 것은 옳은 일인가? 왜 그러한가? 아니라면 왜 그렇지 않은가? 몇몇 사회에서는 소녀들의 낙태율이 점점 높아지고 있는데 여기에는 복잡한 문화적 요인들이 작용한다. 이에 대해 교회는 어떻게 반응해야 하는가? 당신의 환경에서 특별히 상처 입기 쉬운 어린이들은 누구이며, 어떤 식으로 상처를 받게 되는가? 기독교 공동체는 그들을 돌보기 위해 무엇을 할 수 있겠는가?

6. 기도

탐구를 위한 질문

1. 마태복음 6:5-15, 9:35-38, 사도행전 4:23-31, 고린도후서 4:1-7을 읽으라. 이 구절들은 기도의 중요성에 대해 그리고 우리가 어떻게 기도해야 하는지에 대해 무엇을 가르쳐 주는가? 특별히 복음 전도와 관련해서는 왜 기도가 필요한가?

성찰과 적용을 위한 질문

2. 실제로 기도하는 것보다 기도에 대해 말하는 것이 더 쉬운 이유는 무엇인가? 로마서 8:26-27과 히브리서 5:14-16, 10:19-25을 읽으라. 이 구절들은 우리의 기도에 대해 어떤 소중한 동기들을 제시하는가?

3. 바울은 "쉬지 말고" 또는 "계속해서" 기도하라고 말한다(살전 5:17). 실제로 어떻게 해야 깨어 있는 동안 항상 기도할 수 있겠는가? 우리가 "그리스도의 임재 안에서 살기" 위해서는 어떤 방법들이 필요할까? 어떻게 하면 이런 식으로 기도하도록 서로를 격려할 수 있을까?

4. 우리의 상황 때문에, 병이 낫기를 바라서, 또는 아직 구원받지 못한 사람들을 위해 기도할 때 "믿음으로 기도한다는 것"은 무엇을 의미하는가? 또한 믿음의 기도는 종종 어떻게 오해되는가? 기도한 것과 다른 결과를 대할 때 그 속에서 하나님이 행하시는 바를 어떻게 인식할 수 있겠는가? 우리가 기도했거나 소망했던 것과 하나님의 기도 응답에 대한 경험을 나누어 보라. 하나님이 당신이 간구한 대로 주셨을 때

와 그러지 않으셨을 때를 돌아보라. 어떤 교훈을 얻게 되는가?

5. 미전도 종족은 여전히 많다. 당신과 당신의 공동체는 어떻게 하면 몇몇 종족을 위해 더 집중적으로 기도할 수 있겠는가? 미전도 종족과 관련된 기도 정보는 어떻게 얻을 수 있는가? 열정적이고 지속적인 기도가 행동으로 연결되는 이유는 무엇인가?

IIE 그리스도의 교회가 겸손과 정직과 단순성을 회복하기

1. 하나님의 새로운 인류로서 구별되어 걸어가기

탐구를 위한 질문

1. 에베소서 4:15-32을 읽으라. 이 본문은 그리스도인과 비그리스도인의 차이에 대해 무엇을 가르쳐 주는가? 비그리스도인들은 당신의 기독교 공동체를 이런 관점으로 바라보는가? 그렇지 않다면 그 이유는 무엇인가? 당신이 속한 사회에서 그리스도인들이 성경보다 주위 문화의 기준을 따라 사는 영역이 있다면 어떤 영역인가? 특정한 상황에서 그리스도인의 치리와 긍휼은 어떻게 조화를 이루어야 하는가? 어떻게 하면 기독교 공동체가 매력적인 제자도의 모습을 보여 줄 수 있는가?

성찰과 적용을 위한 질문

2. 우리 자신의 행동에 관해서는 올바른 판단을 하는 것이 왜 그토록 어려운가? 하나님이 기대하시고(도우실 것을 이미 약속하신) 변화가 무엇인지를 더 잘 분별하도록 어떻게 서로를 도울 수 있는가? 어떻게 하면 세계 교회의 지체들이 다른 지체들을 축복하고 하나님의 영광을 위해 겸손하게 의사소통할 수 있겠는가? 서로의 말에 귀를 기울이는 데 걸림돌이 되는 것은 무엇인가?

3. 바울은 로마서 7:14-25에서 신자가 경험하는 죄와의 씨름에 대해 현실적인 언급을 한다. 당신은 어떤 식으로 이러한 씨름을 경험해 왔는가? 이런 씨름에서 실패를 경험한 사람들을 어떻게 목회적으로 돌볼 수 있겠는가? 무엇을 해야 하는가? 무엇을 하지 말아야 하는가?

4. 그리스도인들의 삶의 모습이 효과적인 복음 전도에 결정적으로 중요한 이유는 무엇인가? 당신의 사회에서 비그리스도인들이 그리스도인들을 가장 심하게 공격하는 영역은 무엇인가? 이것은 어쩔 수 없는 부분인가, 아니면 우리가 회개하고 다르게 사는 방식을 배워야 할 영역인가? 우리가 실제적으로 취해야 할 행동은 무엇인가?

2. 문란한 성행위의 우상을 거부하고 사랑 안에서 걸어가기

탐구를 위한 질문

1. 창세기 2:20-25, 에베소서 5:21-33, 고린도전서 13:1-13을 읽으라. 이 본문들은 남자와 여자의 사랑과 결혼 관계에 대해 무엇을 가르쳐 주는가? 우리는 어떻게 그런 높은 기준에 맞추어 살 수 있는가? 좀더 많은 사람들이 하나님의 설계대로 결혼 관계 안에서 사랑하고 돈독해지도록 어떻게 도울 수 있는가? 어떻게 우리 자녀들과 젊은이들을 제자로 양육하여, 그들이 하나님의 설계 밖에서의 성적 행위를 거부하고 하나님의 방식을 긍정적으로 수용하도록 할 수 있는가?

성찰과 적용을 위한 질문

2. 당신의 상황에서, 성적 표현에 대한 성경적 기준에 도전하는 요인들은 무엇인가? 당신의 문화가 가진 사랑에 대한 이해는 성경이 말하는 사랑과 어떻게 다른가? 성경은 성관계에 대해 왜 그토록 많이 언급하는가? 왜 신실한 일부일처제의 결혼 관계가 그토록 많은 문화에서 논쟁거리가 되고 있는가? 왜 그리스도인 지도자들은 성 문제에서 그토록 자주 실패하는가? 유혹과 죄로부터 그들을 보호하기 위해서는 어떤 일이 필요한가?

3. 우리는 세속적인 성적 행동(문란한 성생활이나 간음) 이후에 회심한 사람들이나 그리스도인임을 공언한 후 성적인 죄를 지은 사람들을 목회적으로 어떻게 대해야 하는가? 교회는 그들을 언제 징계해야 하며 어떤 방식으로 징계해야 하는가? 교회는 성적인 문제로 인해 깨어진 결혼 관계와 가정을 어떻게 돌보아야 할까? 어떻게 하면 교회는 독신자를 포함한 모든 지체들의 성적 표현에 대한 하나님의 기준을 더욱 견고히 가지도록 도울 수 있겠는가?

4. 사람들을 동성애로 이끄는 요인은 무엇인가? 교회는 어떻게 교회를 찾은 동성애자들을 배척하거나 소외시키지 않고 그들을 대할 것인가? 당신의 교회는 동성애자들이나 혼외 동거를 하는 남녀, 또는 간음한 사람들에 대해 어떤 일관된 태도를 가지고 있는가?

5. 당신이 속한 사회에서 성병이 전염되는 주된 요인들은 무엇인가? 교회는 성병 환자들에게(자신의 잘못으로 인해 병에 걸린 경우건 타인으

로부터 감염된 경우건) 어떻게 하나님의 사랑을 보여 줄 수 있는가? 성적 행동에 영향을 미치는 사회적·경제적·문화적 요인은 매우 복잡할 수 있다. 세계 교회는 어떻게 지역 교회의 그리스도인들과 협력하여 포르노나 성적 문란이나 간음의 문제를 해결할 수 있겠는가?

3. 권력의 우상을 거부하고 겸손으로 걸어가기

탐구를 위한 질문

1. 잠언 3:34, 16:18-19, 이사야 66:1-2, 빌립보서 2:5-11, 베드로전서 5:5-6을 읽으라. 이 본문들은 겸손에 대해 무엇을 가르쳐 주는가? 인간의 눈에는 종종 연약함으로 보일지라도 하나님의 눈에는 겸손이 아름다운 이유는 무엇인가? 당신의 문화에서 겸손은 어떻게 표현되고 인식되는가? 몇 가지 사례를 들어 보라. 우리는 자신의 교만을 스스로 어떻게 인식하며 어떻게 저항할 수 있는가? 왜 교만은 종종 권력 남용으로 이어지는가?

성찰과 적용을 위한 질문

2. 왜 '능력'(power)이라는 단어가 하나님과 그분의 사역과 관련하여 성경에 그토록 자주 등장하는가? 신명기 8:11-20, 시편 147:1-6, 누가복음 1:35, 4:14, 사도행전 1:8, 로마서 1:16, 고린도전서 6:14, 고린도후서 4:7, 그리고 요한계시록 19:1을 읽으라. 우리는 하나님이 우리에게 위임하신 뜻에 따라 권력(power)을 행사하고 있음을 어떻게 확신할 수 있는가?

3. 인간관계에서 왜 그토록 자주 권력이 남용되는가? 당신의 문화에서, 남성과 여성, 고용주와 피고용인, 정치·군사 조직과 사람들 간의 관계에서 권력 남용을 낳는 관습과 전통은 무엇인가? 그러한 관행에 대한 하나님의 심판은 무엇이라고 생각하는가? 당신의 문화에서 그리스도인들은 '권력이라는 우상의 거부'를 어떻게 예언자적으로 선포하고 삶으로 증거할 수 있는가?

4. 교회 안에서 권력 남용은 어떻게 드러나는가? 특별히 목회자와 교사, 부유한 사람들, 최상의 교육을 받은 사람들이 빠지기 쉬운 유혹은 무엇인가? 교회나 교단은 권력 남용으로부터 어떻게 스스로를 보호할 수 있는가? 당신은 어린이들이나 정신적·신체적 약자들을 어떻게 돌보고 있는가? 남자가 아내를 때리거나 어른이 어린이에게 해를 입힌다면 교회는 그를 어떻게 징계하겠는가?

5. 에베소서 5:21과 골로새서 3:5-17은 이어지는 구절과 왜 분리되어서는 안 되는가? 이어지는 성경 말씀에서 하나님 백성이 맺어야 할 상호 관계에 대해 어떤 아름다운 모습이 제시되는가? 이것은 당신의 문화와 교회와 가족의 삶의 방식에 어떤 도전을 주는가?

4. 성공의 우상을 거부하고 정직함 가운데 걸어가기

탐구를 위한 질문

1. 당신은 온전함을 어떻게 묘사하겠는가? 요한일서 1:5-7과 요한일서

2:3-6, 9-11을 읽으라. 이 구절들은 행위의 온전함을 어떻게 묘사하는가? 하나님의 보시기에 투명함과 정직이 중요한 이유는 무엇인가? 우리의 영적 건강에 그것이 중요한 이유는 무엇인가? 성공을 추구하라는 유혹이 그토록 강력한 이유는 무엇인가? 성공의 추구는 어떻게 우리의 정직성을 타협하게 하는가? 예수님의 죽음은 많은 사람들에게 그분의 실패를 증명하는 것처럼 보였다. 이로부터 우리는 진정한 성공과 실패에 대해 무엇을 배울 수 있는가?

성찰과 적용을 위한 질문

2. 당신의 삶과 사역에서, 사실을 부풀리거나 진리를 왜곡하도록 유혹받는 영역은 무엇인가? 왜 그런 유혹을 받는가? 어떤 안전장치가 있어야 정직하게 살 수 있을까? 우리는 우리의 실패와 부족함을 인정하도록 어떻게 서로를 도울 수 있는가? 어떤 문화에서는 자존감을 중요하게 여기는데 그런 태도의 건강한 면과 불건전한 면은 무엇인가?

3. 당신의 문화에서 사람들은 성공을 무엇이라고 생각하는가? 그리스도인으로서 당신은 어떤 점을 긍정할 수 있고, 어떤 점을 거부해야 하는가? 그리스도인이 성공이라고 부를 수 있는 것의 기준은 무엇인가? 물질적 성공이나 세속적 성공을 추구하는 문화 속에서 우리는 어떤 방식으로 온전한 사랑을 격려하고 겸손과 관대함을 기를 수 있겠는가?

4. 우리는 선교단체나 다른 사역 단체들에게 눈에 보이는 결과를 내놓도록 압박하고 있지는 않은가? 우리는 사역의 결과로서 무엇을 추구해야 하는가? 신실한 사역을 한다면 반드시 측정 가능한 결과(예를

들어 개척한 교회의 수나 신앙을 고백하거나 세례를 받은 사람들의 수)가 나와야 하는가? 왜 그런가? 아니라면 왜 그렇지 않은가? 신실한 신자는 항상 먹을 양식이 떨어지지 않으며, 신실한 사역이나 성경 학교는 지속할 자금이 항상 충분한가? 왜 그런가? 또는, 왜 그렇지 않은가? 교회 문을 닫거나 사역을 중단하는 결정에 대한 우리의 반응은 어떠해야 하는가?

5. 탐욕의 우상을 거부하고 검소함 가운데 걸어가기

탐구를 위한 질문

1. 누가복음 12:31-21, 19:1-10, 사도행전 2:44-45, 4:32-37, 5:1-11을 읽으라. 이 구절들은 우리가 부와 소유에 대해 가져야 할 태도에 대해 무엇을 가르쳐 주는가? 우리가 소유를 나누거나 관대하게 베푸는 것이 때로 어려운 이유는 무엇인가? 우리는 우리의 행위 속에서, 그리고 다른 그리스도인들과의 관계에서 관대함을 권하기 위해 어떤 실제적인 단계를 밟을 수 있겠는가? 관대함만으로는 해결할 수 없는 문제는 무엇인가?

성찰과 적용을 위한 질문

2. '검소한 삶의 방식'은 당신의 문화에서 어떤 식으로 드러나는가? 그리스도인들은 검소하게 살아가고 있는가? 그렇지 않다면, 그 이유는 무엇인가? 좀더 검소하고 관대하게 살기 위해 어떤 실제적인 단계를 밟을 수 있겠는가? 부유한 것은 잘못인가? 가난한 것은 의로운 것인가?

지역 교회와 전 세계 교회는 영적 빈곤뿐 아니라 물질적 빈곤 및 빈곤에 따르는 질병과 싸우기 위해 무엇을 할 수 있겠는가?

3. 성경에는 하나님을 믿음으로써 치유된 사람들뿐 아니라 치유되지 않은 사람들의 예가 나온다. 또 고통으로부터 구원받은 사람뿐 아니라 고통을 감내해야 하는 사람들의 예, 물질적으로 부유한 사람들과 극심한 가난과 착취를 경험하는 사람들의 예를 보여 준다. 성경에 나오는 이런 이야기들의 예를 들어 보라. 이런 이야기들은 타락한 세상에서 사는 것에 대해, 그리고 하나님의 보호와 축복에 대해 무엇을 가르쳐 주는가? 빈곤이나 질병, 또는 고난의 상황 속에서 우리는 어떻게 기도해야 하는가?

4. 은혜의 복음은 '번영 복음'의 가르침과 왜 양립할 수 없는가? 번영 복음의 가르침이 많은 사람들에게 매력적으로 다가오는 이유는 무엇인가? 치유를 경험하지 못하거나 부를 얻지 못한 것이 개인의 죄나 믿음 부족 때문이라는 가르침으로 인해 상처받은 사람이 있다면 당신은 그에게 어떤 조언과 격려를 주겠는가?

5. 오늘날 그리스도인 지도자들이 검소하고 너그럽게 나누면서 사는 것이 특별히 중요한 이유는 무엇인가? 당신의 문화에서 그런 삶은 실제로 어떤 모습으로 나타나는가? 예수님은 재산이나 집을 소유하지 않으셨다. 오늘날 일부 그리스도인 지도자들이 큰 집과 거대한 부를 소유하는 것은 과연 옳은가? 당신이 목양하는 사람들이 당신보다 더 부유하거나, 또는 훨씬 가난하다면 당신은 어떤 부담을 느끼겠는가?

목회자나 그리스도인 사역자가 이전 직업에 종사했을 때보다 더 부유한 것은 정당한가?

IIF 선교의 하나됨을 위해 그리스도의 몸 안에서 동역하기

1. 교회의 하나됨

탐구를 위한 질문

1. 시편 133편, 요한복음 17:20-23, 에베소서 4:1-16을 읽으라. 이 구절들은 하나님이 자기 백성의 하나됨을 어떻게 보신다고 말씀하는가? 이 말씀이 분열된 세계를 향해 주는 메시지는 무엇인가? 하나됨이 효과적인 선교를 위해 반드시 필요한 이유는 무엇인가? 이 말씀이 하나 된 교회나 불화하는 교회를 향해 주는 메시지는 무엇인가? 왜 우리는 연합이 매우 어렵다고 생각하는가? 우리는 세상 앞에서, 그리고 복음을 위한 연합을 이루기 위하여 어떤 변화를 주구해야 하는가?

성찰과 적용을 위한 질문

2. 복음주의자들은 하나님의 말씀인 성경에 대한 공통된 헌신을 통해 그리스도 안에서의 영적인 연합이 가능하다고 주장한다. 이러한 주장의 강점과 약점은 무엇인가? 에큐메니컬 진영은 교리의 순수성을 넘어 구조적 일치에 더 큰 강조점을 두며 가시적 연합에 초점을 맞춘다. 이러한 목표의 강점과 약점은 무엇인가? 어떻게 하면 다양성을 존중하면서도 그리스도의 한 몸으로서의 하나됨을 나타낼 수 있는가?

3. 당신의 지역에서는 서로 다른 교회나 교단의 그리스도인들이 어떻게 서로 관계 맺고 있는가? 이는 비그리스도인들이 일반적으로 교회를 바라보는 태도에 어떤 영향을 미치는가? 더 친밀한 관계를 이루고 지역 공동체에서 함께 사역할 수 있으려면 어떤 과정이 필요하겠는가? 그리스도인들을 분열시키는 문제들은 복음의 본질과 관련된 문제인가 아니면 문화나 선호도의 차이인가? 어떻게 해야 정직하게 그 차이를 분별하겠는가? 당신은 선교에 있어서 동반자적 협력 관계를 맺기 위해 다른 그리스도인들과 모든 면에서 동의해야 한다고 느끼는가?

4. 당신의 교회에서 관계를 깨뜨리는 요인들은 무엇인가? 당신이 평화를 이루는 사람이 되려면 무엇을 행해야 하겠는가? 왜 그 일이 중요한가? 문제가 하나님의 방식으로 다루어지지 않을 때 어떤 일이 일어나겠는가? 이 문제는 어떻게 복음의 본질과 관련되는가?

2. 세계 선교에서의 동반자적 협력

탐구를 위한 질문

1. 종종 교단이나 선교단체, 기독교 대학과 신학교가 한 곳에서 경쟁적으로 사역하는 이유는 무엇인가? 선교에서 그러한 다양성이 지닌 장점은 무엇이며 문제점은 무엇인가? 이런 상황을 초래한 요인들 중 죄성과 관련된 것은 무엇일까? 긍정적인 요인들은 무엇인가? 중립적이거나 역사적인 요인들은 무엇인가? 어떤 요인들이 그러한 상황에서 서로 효과적으로 협력하는 것을 가로막는가? 어떻게 하면 건강한 협

력 관계를 발전시킬 수 있겠는가?

성찰과 적용을 위한 질문

2. 어떤 그룹이 한 지역에서 새로운 사역을 시작하거나, 타문화 사역을 전개하거나, 새로운 지역으로 사역을 확장하고자 한다면, 먼저 어떤 조사를 해야 하는가? 그들은 어떤 원리를 기초로 계획 추진 여부를 결정해야 하는가? 어떤 조건에서 기존의 사역을 지원하는 것으로 계획을 수정할 수 있겠는가?

3. 세계 선교에서 동반자적 협력 관계가 중요한 이유는 무엇인가? 당신의 지역 교회나 선교단체의 정책에서 그것은 실제로 무엇을 의미하는가? 당신은 하나님께 영광 돌리는 건강한 협력 관계를 어떻게 시작하겠는가? 진정으로 건강한 협력 관계가 되려면 꼭 갖추어야 할 요인들은 무엇인가?

4. 세계와 세계 교회가 크게 변화하는 이 시기에, 우리는 남부와 북부, 동부와 서부의 동반자적 협력 관계를 어떻게 발전시킬 수 있는가? 무엇이 장애물인가? 우리는 그 장애물들을 어떻게 극복할 수 있겠는가? 우리는 하나님 앞에서 우리의 평등함을 어떻게 드러내 보일 수 있으며, 우리의 다양한 은사와 역사를 어떻게 공유할 수 있겠는가? 우리는 다양한 경험, 풍부한 인적 자원, 재정, 문화적 도구들을 지니고 있으며, 다양한 형태의 리더십을 가지고 있다. 서로간의 신뢰를 쌓는 데 어떤 과정이나 구조가 필요하겠는가? 이를 위해 기도하라!

3. 동반자적 협력 관계에 있는 남자와 여자

탐구를 위한 질문

1. 창세기 1:26-28, 3:14-19, 사도행전 2:17-18, 갈라디아서 3:28을 읽으라. 이 구절들은 우리에게 "창조와 죄, 구원과 성령을 받음에서" 남자와 여자의 동등함과 차이에 대해 무엇을 가르쳐 주는가? 이것은 교회 안에서 이루어질 남자와 여자의 관계에 대해 무엇을 알려 주는가? 어떤 종류의 협력 관계가 암시되고 있는가?

성찰과 적용을 위한 질문

2. 사도행전 18:24-26, 로마서 16:1-3, 고린도전서 11:1-11, 14:33-35, 디모데전서 2:11-15을 읽으라. 이 구절들과 위의 1번 질문에 나온 구절들이 교회에서 여성들의 지위 문제에 대한 의견의 불일치를 낳고 있다. 어떻게 이 불일치가 해결되어야 한다고 생각하는가? 바울의 교훈과 실천에는 일관성이 있는가? 일관성이 없다고 본다면, 우리는 어떻게 이것을 이해하는가? 일관성이 있다고 본다면, 우리는 그가 말하고 있는 것을 어떻게 이해하고 있는가?

3. 당신의 문화에서 남자와 여자 사이의 일반적인 관계는 무엇인가? 성경이 지지하는 부분은 무엇이며 도전하는 부분은 무엇인가? 교회는 남성과 여성이 서로 존중하는 건강한 관계를 어떻게 보여 줄 수 있는가? 당신이 속한 문화 속에서 남녀의 관계와 사역에 관한 기독교적 가치를 자녀들에게 어떻게 가르치겠는가?

4. 교회 안에서의 여성의 역할에 대한 당신의 이해가 어떠하든지 간에, 모든 남녀가 하나님이 그들에게 허락하신 은사를 사용하여 교회의 건강과 선교의 확대를 위해 기여하도록 어떻게 도울 수 있겠는가? 당신이 남자건 여자건, 어떻게 하면 남녀 그리스도인들을 더 잘 격려하고 섬기고 양육할 수 있겠는가? 교회 생활에서 사람들은 어떤 부분에서 상처를 입는가? 그리고 어떻게 하면 그 상처의 치유와 화해를 위해 남녀가 함께 일할 수 있겠는가?

5. 효과적인 선교를 위해 주님이 사용하셨던 남녀의 이야기들을 수집해 보라. 오늘날 당신의 교회에서 다른 이들을 제자 훈련하는 남녀의 이야기들을 모아 보라. 이 이야기들을 나눈 후, 전도하고 가르치고 섬기는 모든 이들을 위해 기도하라.

4 신학 교육과 선교

탐구를 위한 질문

1. 신명기 6:4-10, 시편 119:9-16, 97-105, 마태복음 28:16-20, 그리고 사도행전 19:8-10을 읽으라. 이 구절들은 교육과 훈련이 계속되어야 할 필요에 대해 무엇을 가르쳐 주는가? 이것을 필요로 하는 이들은 누구인가? 평생 학습에 대한 우리의 태도는 어떠해야 하는가? 학습, 교육, 일상의 삶은 서로 어떻게 연관되어 있는가? 깊이 있는 성경 공부가 그토록 중요한 이유는 무엇인가?

성찰과 적용을 위한 질문

2. 당신의 교회나 선교단체에서 하나님의 말씀과 그 적용을 가르치는 방식에는 어떤 것들이 있는가? 당신의 문화에서 가장 효과적인 교육과 훈련 방식은 무엇인가? 왜 그런가? 젊은이들은 연장자들과는 어떻게 다른 방식으로 학습하는가? 차이가 존재한다면 왜 그런가? 당신의 교회는 다양한 사람들의 다양한 학습 필요에 어떻게 부응하고 있는가? 당신은 복음 전도와 봉사 활동에서 이런 차이와 다양성을 어떻게 고려하고 있는가?

3. 당신의 문화에서 그리스도인 지도자들은 어떻게 훈련받고 있는가? 전문 기관에서 풀타임 교육을 할 경우의 유익과 단점은 무엇인가? 교육을 받을 사람들은 어떻게 선출되는가? 현재의 방식이 신학 교육에 가장 좋은 방식인가? 그렇다면 왜 그런가? 그렇지 않다면 왜 그렇지 않은가? 목회자와 그리스도인 지도자를 훈련하는 학교 기관에서 가르치는 사람은 어떤 경험과 자질을 갖추어야 하는가? 그들이 반드시 가르쳐야 할 것들은 무엇인가?

4. 현재의 신학 교육이 '선교적'이라고 생각하는가? 그렇지 않다면 어떤 변화가 필요한가? 어떻게 하면 교회, 교회 개척자, 선교단체, 그리고 신학 교육자들이 더 나은 동반자적 협력 관계를 만들어 갈 수 있겠는가? 어떻게 하면 더 많은 나라와 민족들 안에 좋은 훈련 장소나 탁월한 교육 체계가 세워질 수 있겠는가?

5. 가능한 한 빨리 미전도 종족에게 복음이 전파되는 것을 보고자 하는

우리의 소망은 당연한 것이지만 동시에, 어떻게 하면 제자도의 깊이와 질에도 주의를 기울일 수 있겠는가? 사람들이 처음 신앙으로 나아올 때 복음 전도자들은 어떤 장기적 목표와 전략들을 가질 필요가 있는가? 다양한 은사와 다양한 선교단체 배경을 가진 사람들이 어떻게 서로의 부르심을 더욱 온전히 보완해 줄 수 있겠는가? 기독교 공동체가 그리스도 안에서 성숙하기 위해서는 어떤 일이 일어나야 하는가? 신학 훈련 체계를 세울 때 우선적으로 고려할 목표는 무엇인가?

결론

탐구를 위한 질문

1. 케이프타운 서약의 어느 부분이 당신에게 가장 큰 도전이 되었는가? 그 이유는 무엇인가?

2. 이 서약에 대한 반응으로서 당신은 무엇을 우선순위에 두겠는가?

3. 당신이 참여한 이 서약을 어떻게 실천으로 옮길 것인가?

부록 2　로잔 언약(1974)

머리말

로잔에서 열린 세계 복음화 국제대회에 참가하기 위해 150여 개 나라에서 온 예수 그리스도의 교회의 지체인 우리는, 그 크신 구원을 주신 하나님을 찬양하며, 하나님의 위대하신 구원으로 인해 그를 찬양하며 우리로 하나님과 교제하고 서로 교제하게 하심을 기뻐한다. 우리는 하나님이 우리 시대에 행하시는 일에 깊은 감동을 받으며, 우리의 실패를 통회하고 아직 끝나지 않은 복음화 과업에 도전을 받는다. 우리는 복음이 온 세상을 위한 하나님의 좋은 소식임을 믿고 이 복음을 온 인류에게 선포하여 모든 민족을 제자 삼으라고 분부하신 그리스도의 명령에 순종할 것을 그의 은혜로 결심한다. 이에 우리는 우리의 신앙과 결단을 확언할 것을 열망한다.

1. 하나님의 목적

우리는 세상의 창조주이시며 주되신 영원한 한 분 하나님, 곧 성부, 성자, 성령에 대한 우리의 신앙을 확신한다. 하나님은 그의 뜻과 목적에 따라 만물을 통치하신다. 그는 자기를 위해 세상으로부터 한 백성을 불러내시고 다시 그들을 세상으로 보내시어 그의 나라를 확장하며, 그리스도의 몸을 세우고, 그의 이름의 영광을 위해 그의 부름받은 백성을 그의 종과 증인이 되게 하신다. 우리는 종종 세상에 동화되거나 세상으로부터 도피함으로 우리의 소명을 부인하고 우리의 사명을 실천하는 데 실패하였음을 부끄럽게 생각하며 이를 고백한다. 그러나 비록 질그릇에 담겼을지라도 복음은 귀중한 보배임을 기뻐하며 성령의 능력으로 이 보배를 널리 선포하는 일에 우리 자신을 새롭게 헌신한다.

사 40:28; 마 28:19; 엡 1:11; 행 15:14; 요 17:6, 18; 엡 4:12; 고전 5:10; 롬 12:2; 고후 4:7

2. 성경의 권위와 능력

우리는 신구약성경이 하나님의 영감으로 기록되었음을 믿으며, 그 진실성과 권위를 믿는다. 성경 전체는 기록된 유일한 하나님의 말씀으로서, 그 모든 가르치는 바에 전혀 오류가 없으며, 신앙과 실천의 유일하고도 정확무오한 척도임을 믿는다. 우리는 또한 그의 구원 목적을 이루는 말씀의 능력을 확신한다. 성경 말씀은 온 인류를 위한 것이다. 그리스도와 성경에 나타난 하나님의 계시는 불변하기 때문이다. 성령은 오늘도 그 계시를 통해 말씀하신다. 성령은 어떤 문화에서도 모든 하나님 백성의 마음을 조명하여 그들의 눈으로 이 진리를 새롭게 보게 하시고, 하나님의 각종 지혜를 온 교회에 더욱 더 풍성하게 나타내신다.

딤후 3:16; 벧후 1:21; 요 10:35; 사 55:11; 고전 1:21; 롬 1:16, 마 5:17, 18; 유 1:3; 엡 1:17, 18; 3:10, 18

3. 그리스도의 유일성과 보편성

우리는, 복음 전도의 방법은 다양하지만 구세주는 오직 한 분이시며 복음도 오직 하나임을 확신한다. 우리는 자연에 나타난 하나님의 일반 계시를 통해서 모든 사람이 하나님에 관한 어느 정도의 지식을 갖고 있음을 인정한다. 그러나 우리는 사람이 이것으로 구원받을 수 있다는 주장은 부인한다. 이는 사람이 자신의 불의로써 진리를 억압하고 있기 때문이다. 우리는 또한 모든 종류의 혼합주의를 거부하며, 그리스도께서 어떤 종교나 어떤 이데올로기를 통해서도 동일하게 말씀하신다는 식의 대화는 그리스도와 복음을 손상시키므로 거부한다. 유일한 신인(神人)이신 예수 그리스도는 죄인을 위한 유일한 대속물로 자신을 주셨고, 하나님과 사람 사이의 유일한 중보자이시다. 예수님 외에 우리가 구원받을 다른 이름은 없다. 모든 사람은 죄로 인해 멸망할 수밖에 없다. 그러나 하나님은 모든 사람을 사랑하시기 때문에 한 사람도 멸망하지 않고 모두가 회개할 것을 원하신다. 그럼에도 불구하고 그리스도를 거절하는 자는 구원의 기쁨을 거부하며 스스로를 정죄함으로써 하나님으로부터 영원히 분리된다. 예수님을 '세상의 구주'로 전하는 것은 모든 사람이 자동적으로나 궁극적으로 구원받게 된다는 말이 아니며, 또 모든 종교가 그리스도 안에 있는 구원을 제공한다고 보장하는 것은 더욱 아니다. 예수님을 '세상의 구주'

로 전하는 것은 오히려 죄인들이 사는 세상을 향해 하나님의 사랑을 선포하는 것이며, 마음을 다한 회개와 인격적인 믿음의 결단을 통해 예수님을 구원자와 주로 영접하도록 모든 사람을 초청하는 것이다. 예수 그리스도는 다른 모든 이름 위에 높임을 받으셨다. 우리는 모든 사람이 그 앞에 무릎을 꿇고 모든 입이 그를 주로 고백하는 날이 오기를 고대한다.

갈 1:6-9; 롬 1:18-32; 딤전 2:5, 6; 행 4:12; 요 3:16-19; 벧후 3:9; 살후 1:7-9; 요 4:42; 마 11:28; 엡 1:20, 21; 빌 2:9-11

4. 복음 전도의 본질

복음 전도는 좋은 소식을 널리 전파하는 것이며, 좋은 소식은 예수 그리스도께서 성경대로 우리 죄를 위해 죽으시고, 죽은 자들 가운데서 다시 살아나신 것과, 만물을 통치하시는 주로서 지금도 회개하고 믿는 모든 사람들의 죄를 용서하시고, 우리를 자유하게 하시는 성령의 은사를 공급하신다는 것이다. 전도하기 위해 그리스도인이 이 세상에 존재하는 것은 필수불가결하며, 상대방을 이해하려면 상대방의 이야기를 경청하는 대화도 매우 중요하다. 그러나 복음 전도 자체는 사람들로 하여금 그리스도께 인격적으로 나아와 하나님과 화해하도록 설득하기 위해, 역사적이고 성경적인 그리스도를 구원자와 주로 선포하는 것이다. 복음에 초대할 때 우리는 제자도의 대가를 치러야 한다는 사실을 무시해서는 안 된다. 예수님은 여전히 그를 따르는 모든 사람으로 하여금 자기를 부인하고, 자기 십자가를 지고, 그들이 새로운 공동체에 속하였음을 분명히 하도록 부르신다. 복음 전도의 결과는 그리스도께 대한 순종과 그의 교회로의 연합, 그리고 세상에서의 책임있는 섬김을 포함한다.

고전 15:3, 4; 행 2:32-39; 요 20:21; 고전 1:23; 고후 4:5; 5:11, 20; 눅 14:25-33; 막 8:34; 행 2:40, 47; 막 10:43-45

5. 그리스도인의 사회적 책임

우리는 하나님이 모든 사람의 창조주이시요, 동시에 심판자이심을 믿는다. 그러므로 우리는 인간 사회 어느 곳에서나 정의와 화해를 구현하고 인간을 모든 종류의 억압으로부터 해방시키려는 하나님의 관심에 동참하여야 한다. 사람은 하나님의 형상대로 창조되었기 때문에 인종, 종교, 피부색, 문화, 계급, 성 또는 연령의 구별 없이 모든 사람은 전부적 존엄성을 지니고 있으며, 따라서 누구나 존경받고 섬김을 받아야 하며 착취당해서는 안 된다. 이 사실을 우리는 등한시해 왔고, 때로 복음 전도와 사회 참여를 서로 상반된 것으로 여겼던 것을 뉘우친다. 물론 사람과의 화해가 곧 하나님과의 화해는 아니며 또 사회 참여가 곧 복음 전도일 수 없으며 정치적 해방이 곧 구원은 아닐지라도, 우리는 복음 전도와 사회 정치적 참여는 우리 그리스도인의 의무의 두 부분임을 확언한다. 이 두 부분은 모두 하나님과 인간에 대한 우리의 교리, 이웃을 향한 우리의 사랑, 그리고 예수 그리스도에 대한 우리의 순종을 나타내는 데 필수적이다. 구원의 메시지는 모든 소외와 억압과 차별에 대한 심판의 메시지를 내포한다. 그러므로 우리는 악과 불의가 있는 곳 어디에서든지 이것을 고발하는 일을 두려워해서는 안 된다. 사람이 그리스도를 영접하면 하나님 나라 백성으로 거듭난다. 따라서 그들은 불의한 세상 속에서 그 나라의 의를 나타낼 뿐만 아니라 그 나라의 의를 전파하기에 힘써야 한다. 우리가 선포하는 구원은 우리로 하여금 개인적 책임과 사회적 책임을 총체적으로 수행하도록 우리를 변화시켜야 한다. 행함이 없는 믿음은 죽은 것이다.

> 행 17:26, 31; 창 18:25; 사 1:17; 시 45:7; 창 1:26, 27; 약 3:9; 레 19:18; 눅 6:27, 35; 약 2:14-26; 요 3:3, 5; 마 5:20; 6:33; 고후 3:18; 약 2:20

6. 교회와 복음 전도

하나님 아버지가 그리스도를 세상에 보내신 것같이, 그리스도 역시 그의 구속받은 백성을 세상으로 보내신다는 것을 우리는 믿는다. 이 소명은 그리스도가 하신 것같이 세상 깊숙이 파고드는 희생적인 침투를 요구한다. 우리는 교회의 울타리를 헐고 비그리스도인 사회에 스며들어가야 한다. 교회가 희생적으로 해야 할 일 중에서 복음 전도가 최우선이다. 세계 복음화는 온 교회가 온전한 복음을 온 세상에 전파할 것을 요구한다. 교회는 하나님의 우주적인 목적의 바로 중심에 서 있으며, 복음을 전파할 목적으로 하나님이 지정하신 수단이다. 그러나 십자가를 전하는 교회는 스스로 십자가의 흔적을 지녀야 한다. 교회가 만일 복음을 배반하거나, 하나님에 대한 산 믿음이 없거나, 혹은 사람에 대한 진실한 사랑이 없거나, 사업 추진과 재정을 포함한 모든 일에 있어 철저한 정직성이 결여될 때, 교회는 오히려 복음 전도의 장애물이 되어 버린다. 교회는 하나의 기관이라기보다 하나님 백성의 공동체다. 따라서 어떤 특정한 문화적·사회적 또는 정치적 체제나 인간의 이데올로기와 동일시되어서는 안 된다.

요 17:18; 20:21; 마 28:19, 20; 행 1:8; 20:27; 엡 1:9, 10; 3:9-11; 갈 6:14, 17; 고후 6:3, 4; 딤후 2:19-21; 빌 1:27

7. 복음 전도를 위한 협력

교회가 진리 안에서 가시적으로 일치를 이루는 것이 하나님의 목적임을 우리는 확신한다. 복음 전도는 또한 우리를 하나가 되도록 부른다. 이는 우리의 불일치가 우리가 전하는 화해의 복음을 손상시키는 것 같이, 우리의 하나됨은 우리의 증거를 더욱 힘 있게 만들기 때문이다. 그렇지만 조직적인 일치단결은 여러 형태가 있고, 그것이 반드시 복음 전도를 진척시키지 않을 수도 있음을 인정한다. 그럼에도 불구하고 동일한 성경적 신앙을 소유한 우리는 교제와 사역과 복음 전도에 있어서 긴밀하게 일치단결해야만 한다. 우리의 증거가 때로는 죄악된 개인주의와 불필요한 중복으로 인해 훼손되었던 것을 고백한다. 우리는 진리와 예배와 거룩함과 선교에 있어서 좀더 깊은 일치를 추구할 것을 약속한다. 우리는 교회의 선교 사역을 확장하기 위해, 전략적 계획을 위해, 서로 격려하기 위해 그리고 자원과 경험을 서로 나누기 위해 지역적이며 기능적인 협력을 개발할 것을 촉구한다.

요 17:21, 23; 엡 4:3, 4; 요 13:35; 빌 1:27; 요 17:11-23

8. 교회의 선교 협력

선교의 새 시대가 동트고 있음을 우리는 기뻐한다. 서구 선교의 주도적 역할은 급속히 사라지고 있다. 하나님은 신생 교회들 중에서 세계 복음화를 위한 위대하고도 새로운 자원을 불러일으키신다. 그렇게 해서 복음 전도의 책임은 그리스도의 몸 전체에 속해 있음을 밝히 보여 주신다. 그러므로 모든 교회는 자기가 속해 있는 지역을 복음화함과 동시에 세계의 다른 지역에도 선교사를 보내기 위해 무엇을 해야 하는지 하나님과 자신에게 질문해야 한다. 우리의 선교적 책임과 선교적 역할에 대한 재평가는 계속되어야 한다. 이렇게 해서 교회들 간의 협력은 더욱 강화될 것이며, 그리스도의 교회의 보편성은 더 분명하게 드러날 것이다. 우리는 또한 성경 번역, 신학 교육, 방송매체, 기독교 문서 사역, 복음 전도, 선교, 교회 갱신, 기타 전문 분야에서 일하는 여러 단체들로 인해 하나님께 감사한다. 아울러 이런 단체들도 교회 선교의 한 사역자로서 그 효율성을 평가하기 위해 지속적인 자기 검토를 해야 한다.

롬 1:8; 빌 1:5; 행 13:1-3; 살전 1:6-8

9. 복음 전도의 긴박성

인류의 3분의 2 이상에 해당하는 27억 이상의 인구(1974년 자료)가 아직도 복음화되어야 한다. 우리는 이토록 많은 사람을 아직도 등한시하고 있다는 사실을 부끄럽게 생각한다. 이는 우리와 온 교회를 향해 끊임없이 제기되는 비판이다. 그러나 오늘날 세계 도처에서는 주 예수 그리스도에 대해 전례 없는 수용 자세를 보이고 있다. 지금이야말로 교회와 모든 선교 단체들이 복음화되지 못한 이들의 구원을 위해 열심히 기도하고, 세계 복음화를 성취하기 위한 새로운 노력을 시도해야 할 때임을 확신한다. 이미 복음이 전파된 나라에 있는 해외 선교사와 그들의 선교비를 감축하는 일은, 토착 교회의 자립심을 기르기 위해 혹은 아직 복음화되지 않은 지역으로 그 자원을 내보내기 위해 때로 필요한 경우가 있을 것이다. 선교사들이 겸손한 섬김의 정신으로 더욱더 자유롭게 육대주 전역에 걸쳐 교류해야 한다. 가능한 모든 수단을 총동원해서, 되도록 빠른 시일 안에 한 사람도 빠짐없이 이 좋은 소식을 듣고, 깨닫고, 받아들일 기회를 얻는 것이 목표다. 희생 없이 이 목표를 성취하는 것을 기대할 수는 없다. 수많은 사람들이 겪는 빈곤에 우리 모두가 충격을 받으며, 이 빈곤의 원인인 불의에 대하여 분개한다. 우리 중에 풍요한 환경 속에 살고 있는 이들은 검소한 생활양식을 개발해서 구제와 복음 전도에 보다 많이 공헌하는 것이 우리의 의무임을 확신한다.

요 9:4; 마 9:35-38; 롬 9:1-3; 고전 9:19-23; 막 16:15; 사 58:6, 7; 약 1:27; 2:1-9; 마 25:31-46; 행 2:44, 45; 4:34, 35

10. 복음 전도와 문화

세계 복음화를 위한 전략 개발에는 상상력이 풍부한 개척 방법이 요청된다. 하나님의 뜻을 따라 전도한다면, 그리스도 안에 깊이 뿌리내리면서도 자신들의 문화에 적합하게 맞추어진 여러 교회들이 일어날 것이다. 문화는 항상 성경을 기준으로 검토되고 판단되어야 한다. 사람은 하나님의 피조물이기 때문에 인류 문화의 어떤 것은 매우 아름답고 선하다. 그러나 인간의 타락으로 인해 그 전부가 죄로 물들었고, 어떤 것은 악마적이기도 하다. 복음은 한 문화가 다른 어떤 문화보다 우월하다고 전제하지 않는다. 오히려 복음은 모든 문화를 그 자체의 진리와 정의의 표준으로 평가하고, 모든 문화에 있어서 도덕적 절대성을 주장한다. 지금까지의 선교는 복음과 함께 이국의 문화를 수출하는 일이 너무 많았고, 때로는 교회가 성경보다 문화에 속박되는 경우가 많았다. 그리스도의 복음 전도자는 다른 사람의 종이 되기 위해, 개인적인 순수성을 제외한 나머지 부분에서 겸손히 자신을 온전히 비우기를 힘써야 한다. 또한 교회는 문화를 변혁하고 풍요롭게 만들고자 애쓰되, 모든 것을 하나님의 영광을 위해서 해야만 한다.

막 7:8,9, 13 창 4:21, 22; 고전 9:19-23; 빌 2:5-7; 고후 4:5

11. 교육과 리더십

우리는 때로 교회 성장을 추구한 나머지 교회의 깊이를 포기하는 결과를 가져왔고, 복음 전도와 신앙적 양육을 분리해 왔음을 고백한다. 또한 우리 선교 단체들 중에는, 현지 지도자들이 그들의 마땅한 책임을 감당할 수 있도록 준비시키고 격려하는 일에 매우 소홀했음을 인정한다. 그러나 이제 우리는 토착화 원칙을 믿고 있으며 모든 교회가 현지 지도자들을 세워, 지배자로서가 아닌 봉사자로서의 기독교 지도자상을 제시할 수 있기를 열망한다. 우리는 신학 교육, 특히 교회 지도자들을 위한 신학 교육이 개선되어야 할 필요가 있다는 점을 인정한다. 모든 민족과 문화권에서 교리, 제자도, 복음 전도, 교육 및 봉사의 각 분야에 목회자, 평신도를 위한 효과적인 훈련 프로그램이 수립되어야 한다. 그러한 훈련 프로그램은 틀에 박힌 전형적인 방법에 의존할 것이 아니라 성경적 기준을 따라 지역적인 독창성을 바탕으로 개발되어야 한다.

골 1:27, 28; 행 14:23; 딛 1:5, 9; 막 10:42-45; 엡 4:11, 12

12. 영적 전쟁

우리는 우리가 악의 권세들, 그리고 악한 능력들과의 부단한 영적 전쟁에 참여하고 있음을 믿는다. 그 세력들은 교회를 전복시키고 세계 복음화를 위한 교회의 사역을 좌절시키려고 한다. 우리는 하나님의 전신갑주로 자신을 무장하고, 진리와 기도의 영적 무기를 가지고 이 싸움을 싸워야 한다는 것을 안다. 우리는, 교회 밖에서 잘못된 이데올로기를 통해서뿐만 아니라, 교회 안에서 잘못된 복음, 즉 성경을 왜곡시키며 사람을 하나님의 자리에 올려놓는 일을 통해서도 적들의 활동하는 것을 감지할 수 있기 때문이다. 따라서 우리는 성경적인 복음을 수호하기 위해 깨어 있어야 하며, 분별력을 갖고 있어야 한다.

우리는 우리 자신이 세속적인 생각과 행위, 즉 세속주의에 대항할 수 있는 면역력을 갖고 있지 않다는 사실을 인정한다. 예를 들면, 숫자적으로나 영적으로 교회 성장에 대해 주의 깊게 연구하는 것은 정당하고 가치 있는 일임에도, 우리는 종종 이런 연구를 게을리하였다. 반면, 어떤 경우에는 복음에 대한 반응에만 열중한 나머지 우리의 메시지를 타협했고, 강압적 기교를 통해 청중을 교묘히 조종하였고, 지나치게 통계에 집착한 나머지 통계를 부정직하게 기록하는 경우도 있었다. 이 모든 것이 세속적인 것이다. 교회는 세상 속에 있어야 하지만, 세상이 교회 속에 있어서는 안 된다.

엡 6:12; 고후 4:3, 4; 엡 6:11, 13-18; 고후 10:3-5; 요일 2:18-26; 4:1-3; 갈 1:6-9; 고후 2:17; 4:2; 요 17:15

13. 자유와 핍박

교회가 간섭받지 않으면서 하나님께 순종하고, 주 예수 그리스도를 섬기며, 복음을 전파할 수 있도록 평화와 정의와 자유를 보장해야 할 의무는 하나님이 모든 정부에게 지정하신 의무다. 그러므로 우리는 국가 지도자들을 위해 기도하며, 그들이 사상과 양심의 자유를 보장하고 하나님의 뜻을 따라 그리고 유엔 인권 선언에 규정한 바와 같이 종교를 믿으며 전파할 자유를 보장해 줄 것을 요청한다. 우리는 또한 부당하게 투옥된 사람들, 특히 주 예수를 증거한다는 이유로 고난받는 우리 형제들을 위해 깊은 우려를 표한다. 우리는 그들의 자유를 위해 기도하며 힘쓸 것을 약속한다. 동시에 우리는 그들의 생명을 담보로 한 협박을 거부한다. 하나님이 우리를 도와주시기 때문에, 우리는 어떤 대가를 치르더라도 불의에 대항하고 복음에 충성하기를 힘쓸 것이다. 핍박이 없을 수 없다는 예수님의 경고를 우리는 잊지 않는다.

딤전 2:1-4, 행 4:19; 5:29; 골 3:24; 히 13:1-3; 눅 4:18; 갈 5:11; 6:12; 마 5:10-12; 요 15:18-21

14. 성령의 능력

우리는 성령의 능력을 믿는다. 아버지 하나님은 아들을 증거하라고 그의 영을 보내셨다. 그의 증거 없는 우리의 증거는 헛되다. 죄를 깨닫고, 그리스도를 믿고, 거듭나서 그리스도인으로 성장하는 이 모든 것은 성령의 역사다. 뿐만 아니라 성령은 선교의 영이다. 그러므로 복음 전도는 성령 충만한 교회에서 자발적으로 일어나야 한다. 선교적이지 않은 교회는 자기모순에 빠져 있는 것이요, 성령을 소멸하고 있는 것이다. 전 세계 복음화는 오직 성령이 교회를 진리와 지혜, 믿음, 거룩함, 사랑과 능력으로 새롭게 할 때에만 실현 가능하게 될 것이다. 그러므로 우리는 모든 그리스도인들에게 요청한다. 주권적인 하나님의 성령이 우리를 찾아오셔서 성령의 모든 열매가 그의 모든 백성에게 나타나고, 그의 모든 은사가 그리스도의 몸을 풍성하게 하기를 기도하기 바란다. 그때에야 비로소 온 교회가 하나님의 손에 있는 합당한 도구가 될 것이요, 온 땅이 하나님의 음성을 듣게 될 것이다.

고전 2:4; 요 15:26, 27; 16:8-11; 고전 12:3; 요 3:6-8; 고후 3:18; 요 7:37-39; 살전 5:19; 행 1:8; 시 85:4-7; 67:1-3; 갈 5:22, 23; 고전 12:4-31; 롬 12:3-8

15. 그리스도의 재림

우리는 예수 그리스도께서 친히 권능과 영광 중에 인격적으로 또 눈으로 볼 수 있게 재림하셔서 그의 구원과 심판을 완성하실 것을 믿는다. 이 재림의 약속은 우리의 복음 전도에 박차를 가한다. 이는, 먼저 복음이 모든 민족에게 전파되어야 한다고 하신 그의 말씀을 우리가 기억하기 때문이다. 그리스도의 승천과 재림 사이의 중간 기간은 하나님 백성의 선교 사역으로 채워져야 한다고 우리는 믿는다. 그러므로 종말이 오기 전에는 우리에게 이 일을 멈출 자유가 없다. 우리는 또한 마지막 적그리스도에 앞서서 거짓 그리스도들과 거짓 선지자들이 일어나리라는 그의 경고를 기억한다. 그러므로 우리는 인간이 이 땅 위에 유토피아를 건설할 수 있다는 생각은 오만한 자기 확신의 환상으로 간주해 이를 거부한다. 우리 그리스도인들은 하나님이 그의 나라를 완성하실 것이요, 우리는 그 날을 간절히 사모하며 또 의가 거하고 하나님이 영원히 통치하실 새 하늘과 새 땅을 간절히 고대하고 있음을 확신한다. 그때까지 우리는 우리의 삶 전체를 지배하시는 그의 권위에 기꺼이 순종함으로 그리스도와 사람들을 섬기는 일에 우리 자신을 다시 드린다.

막 14:62; 히 9:28; 막 13:10; 행 1:8-11; 마 28:20; 막 13:21-23; 요 2:18; 4:1-3; 눅 12:32; 계 21:1-5; 벧후 3:13; 마 28:18

맺음말

그러므로 이와 같은 우리의 믿음과 우리의 결심에 따라 우리는 온 세계 복음화를 위해 함께 기도하며, 계획하고, 일할 것을 하나님과 우리 상호 간에 엄숙히 서약한다. 우리는 다른 사람들도 이 일에 우리와 함께 동참할 것을 호소한다. 우리로 하여금 하나님의 영광을 위해 이 언약에 신실하도록 그의 은혜로 도와주시기를 기도한다. 아멘. 할렐루야!

부록 3   마닐라 선언(1989)

머리말

1974년 7월 스위스 로잔에서는 세계 복음화 국제대회가 개최되었다. 그리고 이 대회에서 로잔 언약이 발표되었다. 1989년 7월에는 약 170개국에서 3,000여 명이 같은 목적으로 마닐라에 모여 마닐라 선언을 발표하게 되었다. 우리는 필리핀 형제자매들에게 받은 환영에 대하여 깊은 감사를 드린다.

두 대회 사이의 기간인 15년 동안, 복음과 문화, 복음 전도와 사회적 책임, 검소한 생활양식, 성령, 중생과 같은 주제로 소규모 신학협의회들이 모였다. 이런 회의와 거기에서 나온 보고서들은 로잔 운동에 관한 생각을 발전시키는 데 많은 도움을 주었다.

'선언'이란 신념과 의도와 동기를 선포하는 것을 의미한다. 마닐라 선언은 이번 대회의 두 개의 주제인 '그리스도께서 오실 때까지 그를 선포하라'와 '온 교회가 온 세상에 온전한 복음을 전하라는 부름'에 기초하여 작성되었다. 전반부는 21개 항목의 신앙적 고백(affirmations)으로 구성되었으며, 후반부는 12항목으로 주제를 설명했다. 교회들은 이 선언을 로잔 언약과 함께 연구하며 실천에 옮기기를 바란다.

21개 항의 고백

(1) 우리는, '로잔 언약'을 로잔 운동을 위한 협력의 기초로 삼아 계속 헌신할 것을 단언한다.

(2) 우리는, 하나님이 신구약성경에서 우리에게 하나님의 성품과 뜻 그리고 그분의 구속 행위와 그 의미를 권위 있게 드러내실 뿐 아니라 선교를 명하고 계신 것을 단언한다.

(3) 우리는, 성경의 복음이, 하나님이 계속적으로 우리 세계에 주시는 메시지임을 확언하며, 이 복음을 변호하고, 선포하며, 이를 구체적으로 표현할 것을 단언한다.

(4) 우리는, 인간이 하나님의 형상대로 창조되었지만, 죄와 죄책이 있으며, 그리스도 없이 길을 잃었다는 사실이 복음을 이해하기에 앞서 알아야 할 진리임을 단언한다.

(5) 우리는, 역사적인 예수와 영광의 그리스도가 동일한 분이며, 이 예수 그리스도만이 성육신하신 하나님이시요, 우리의 죄를 담당하시고, 죽음을 이기신 분이요, 재림하실 심판자이므로, 절대 유일한 분임을 단언한다.

(6) 우리는, 예수 그리스도께서 십자가에서 우리를 대신하여, 우리의 죄를 지시고 죽으셨기 때문에 하나님은 이에 근거해서만 회개와 믿음으로 나오는 사람들을 값없이 용서하신다는 것을 단언한다.

(7) 우리는, 다른 종교나 이데올로기가 하나님께 나아가는 또 다른 길이라고 볼 수 없으며, 그리스도만이 유일한 길이기 때문에 그리스도로 말미암아 구속되지 않는다면 인간의 영성은 하나님께 이르는 것이 아니라 심판에 이른다는 것을 단언한다.

(8) 우리는, 하나님의 사랑을 구체적으로 표현하되, 정의와 인간의 존엄성, 그리고 의식주의 문제로 어려움을 당하고 있는 사람들을 돌아봄으로써 그 사랑을 실천적으로 입증해야 함을 단언한다.

(9) 우리는, 정의와 평화의 하나님 나라를 선포하고, 개인적인 것이든 구조적인 것이든 모든 불의와 억압을 고발하면서, 이 예언자적 증거에서 물러서지 않을 것을 단언한다.

(10) 우리는, 그리스도에 대한 성령의 증거가 복음 전도에 있어서 절대 필요하며, 따라서 성령의 초자연적인 역사가 없이는 중생이나 새로운 삶이 불가능하다는 것을 단언한다.

(11) 우리는, 영적인 싸움을 위해서는 영적 무기가 필요하므로, 성령의 능력으로 말씀을 선포하며, 정사와 악의 권세를 이기신 그리스도의 승리에 참여할 수 있도록 항상 기도해야 함을 단언한다.

(12) 우리는, 하나님이 모든 교회와 모든 성도들에게 그리스도를 온 세상에 알리는 과제를 부여하셨음을 믿기 때문에 평신도나 성직자나 모두가 다 이 일을 위해 동원되고 훈련되어야 함을 단언한다.

(13) 몸 된 그리스도의 지체라고 믿고 행하는 우리는 인종과 성(性)과 계층을 초월하여 성도의 교제를 나눠야 함을 단언한다.

(14) 우리는, 성령의 은사가 남자든 여자든 하나님의 모든 백성에게 주어져 있으므로, 복음 전도에 있어 동반자적 협력을 통해 선을 이루어야 함을 단언한다.

(15) 우리는, 복음을 선포하는 사람들이 거룩함과 사랑을 생활

속에서 드러내야 함을 단언한다. 그렇지 않으면 우리의 증거는 그 신빙성을 잃게 될 것이다.

(16) 우리는, 모든 교회의 성도들이 자신이 속한 지역 사회에서 복음 증거와 사랑의 봉사로 눈을 돌려야 함을 단언한다.

(17) 우리는, 교회와 선교 단체 그리고 그 외 여러 기독교 기관들이 복음 전도와 사회 참여에 있어 경쟁과 중복을 피하면서 상호 협력하는 것이 절실히 필요함을 단언한다.

(18) 우리는, 우리가 사는 사회의 구조와 가치관과 필요 등을 이해하기 위해 이 사회를 연구하여 적절한 선교 전략을 개발하여 나가는 것이 우리의 책임임을 단언한다.

(19) 우리는, 세계 복음화의 긴급성과 아울러 미전도 종족들에게도 복음 전도가 가능하다고 믿는다. 그러므로 우리는 20세기 마지막 10년 동안 세계 복음화라는 과업을 위해 새로운 결단으로 헌신할 것을 단언한다.

(20) 우리는, 복음으로 인해 고난받는 사람들과의 연대 의식을 확인하며, 우리 역시 그와 같이 고난받을 가능성에 대비해 우리 자신을 준비시키는 일에 힘쓸 것을 단언한다. 아울러 모든 곳에서의 종교적·정치적 자유를 위하여 일할 것이다.

(21) 우리는, 하나님이 온 세상에 온전한 복음을 전하라고 온 교회를 부르고 계심을 단언한다. 그러므로 우리는 주님이 오실 때까지 신실하고 긴급하게 그리고 희생적으로 복음을 선포할 것을 결의한다.

I. 온전한 복음

복음은 악의 권세로부터 하나님의 구원과 영원한 하나님 나라의 건설 그리고 하나님의 목적에 도전하는 모든 것들에 대한 하나님의 최종적인 승리에 관한 좋은 소식이다. 하나님은 그분의 사랑으로 창세 전에 그렇게 하시고자 작정하셨고, 우리 주 예수 그리스도의 죽음을 통해 죄와 사망과 심판에서 해방시키는 계획을 성취하셨다. 진실로 우리를 자유하게 하고 구속된 자들의 사귐 속에서 우리를 연합시키는 분은 그리스도이시다.

1. 인간의 곤경

우리는 온전한 복음, 즉 성경적 복음의 충만함을 전파하는 일에 헌신한 자들이다. 그렇게 하기 위해서는, 인간에게 왜 복음이 필요한가를 먼저 이해해야 한다.

인간은 남녀 모두 하나님을 알고 사랑하고 섬기도록 하나님의 형상대로 창조되었기 때문에, 모두가 고유한 존엄성과 가치를 지니고 있다. 그러나 죄로 인해 그들의 인간성의 모든 부분이 다 왜곡되었다. 인간은 자기중심적이며 자기 자신을 섬기는 반역자가 되어, 마땅히 하나님과 이웃을 사랑해야 하지만 그렇게 하지 않는다. 그 결과, 인간은 창조주와 또 다른 피조물들에게서 소외되었다. 이것이 오늘날 그토록 많은 사람들이 겪고 있는 고통, 방황, 고독의 근본적인 원인이다. 죄는 또한 반사회적 행동, 다른 사람들을 극심하게 착취하는 일, 그리고 하나님이 인간들에게 청지기로서 지키라고 주신 자원들을 고갈시키는 일을 감행한다. 따라서 인간은 변명의 여지가 없는 죄인이며 멸망으로 이끄는 넓은 길을 걷고 있다.

인간 안에 있는 하나님의 형상이 부패되기는 하였지만, 아직도 인간에게는 이웃을 사랑하고 품위 있는 행동을 하며 아름다운 예술을 창조할 만한 능력이 있다. 그러나 인간이 성취한 것은 제아무리 훌륭한 것이라 해도 숙명적으로 부족할 수밖에 없어 결국은 하나님의 존재 앞에 합당하지 않다. 남녀 구분 없이 모든 사람은 영적인 존재이다. 그러나 종교적 행동이나 자립을 위한 기술이 인간의 필요를 다소 경감시킬 수 있을지라도 그것이 죄와 죄책과 심판의 준엄한 실재를 근본적으로 피하게 할 수는 없다. 인간의 종교나 인간의 의나 사회 정치적 제도도 인간을 구원할 수는 없다. 어떤 종류의 자력 구원도 불가능하다. 인간은 자기 스스로서는 영원히 잃어버린 존재다.

그러므로 인간의 죄, 하나님의 심판, 예수 그리스도의 신성과 성육신 그리고 십자가와 부활의 필요성을 부인하는 거짓된 복음들을 우리는 거부한다. 우리는 또한 죄를 극소화하고 하나님의 은혜를 인간의 자기 노력과 혼동시키는 사이비 복음들도 배척한다. 우리는 우리 자신이 때로는 복음을 보잘것없는 것으로 만들어 버렸음을 고백한다. 그러나 우리는 우리의 복음 전도에 있어서 하나님의 철저한 진단과 아울러 하나님의 철저한 치유를 기억할 것을 결의한다.

행 2:27; 창 1:26, 27; 롬 3:9-18; 2 딛 3:2-4; 창 3:17-24; 롬 1:29-31; 창 1:26, 28; 2:15; 롬 1:20; 2:1; 3:19; 7:13; 마 5:46; 7:11; 딤전 6:16; 행 17:22-31; 롬 3:20; 엡 2:1-3; 갈 1:6-9; 고후 11:2-4; 요일 2:22, 23; 4:1-3; 고전 15:3, 4; 렘 6:14; 8:11

2. 오늘을 위한 좋은 소식

우리는 살아 계신 하나님이 우리를 멸망과 절망의 자리에 내버려 두지 아니하심을 인하여 기뻐한다. 하나님은 사랑으로 우리를 구원하시고 재창조하시기 위해 예수 그리스도 안에서 우리를 찾아오셨다. 그러므로 좋은 소식은, 이 땅에 오셔서 하나님의 나라를 선포하시고, 겸손한 섬김의 삶을 사시고, 우리를 위해 죽으시고, 우리를 대신해 죄와 저주를 담당하신 예수라는 역사적 인격에 그 초점을 맞춘다. 그리고 그 예수는 하나님께서 죽은 자 가운데서 다시 일으키셔서 하나님의 아들로 입증하신 분이다. 하나님은 회개하고 그리스도를 믿는 사람들을 새 창조에 참여하게 하신다. 하나님은 우리에게 새 생명을 주셔서 우리를 죄에서 용서하시며, 또한 성령의 내주하시고 변혁시키는 능력을 주신다. 하나님은 모든 인종과 민족과 문화에 속한 각기 다른 사람들로 구성된 하나님의 새로운 공동체 안으로 우리를 받아 주신다. 그리고 하나님은 어느 날 우리가 하나님의 새 나라에 들어갈 것을 약속하신다. 그때에 악은 모두 제거되고, 자연 세계가 구속되며, 하나님이 영원히 통치하실 것이다.

이 복된 소식은 하나님의 구원의 능력이며, 우리에게는 이 복음을 알려야 할 의무가 있기 때문에, 교회에서 혹은 공공장소에서, 라디오와 텔레비전으로, 혹은 옥외에서도 가능한 곳이면 어디서나 담대하게 이 복음을 선포해야 한다. 우리는 말씀 전파로써 하나님이 성서에 계시하신 진리를 신실하게 선포하며, 또한 이 복음을 우리의 상황에 적용하기 위하여 애써야 한다.

우리는 또한 변증론, 즉 복음을 변명하며 확정하는 일(빌1:7)이 선교를 성경적으로 이해하는 데 필수적이며, 또한 현대 세계에서 효과적으로 복음을 증거하는 일에 본질적인 요소라는 사실을 단언한다. 바울은 사람들에게 복음의 진리를 '설득'시키려고 그들과 성경의 말씀을 가지고 '변론'했다. 그러므로 우리도 그렇게 해야 한다. 사실 그리스도인은 누구나 자신들 속에 있는 소망에 관한 이유를 묻는 자들에게 대답할 것을 항상 예비하고 있어야 한다(벧전 3:15).

누가가 강조한 바, 우리는 다시 한 번 복음이 가난한 자들을 위한 복된 소식이라는 사실에 직면하면서(눅4:18; 6:20; 7:22) 이것이 세계 곳곳에서 착취당하며, 고통을 당하거나 억압받는 수많은 사람들에게 무엇을 의미하는지 스스로 반문해 왔다. 우리는, 율법, 선지자, 지혜서 그리고 예수님의 가르침과 사역, 이 모두가 물질적으로 가난한 사람들에 대한 하나님의 관심이며, 따라서 그들을 변호하고 돌보아야 할 의무가 우리에게 있다는 사실을 강조하고 있음을 기억한다. 또한 성경은 오로지 하나님의 자비만을 바라고 있는, 영적으로 가난한 자도 이에 포함시킨다. 복음은 영적, 물질적으로 가난한 자 모두에게 복된 소식이 된다. 경제적 상황과 관계없이 영적으로 가난한 사람들이 하나님 앞에 겸손히 나오면 믿음을 통해 값없이 주시는 구원을 선물로 받는다. 이외에 사람이 하나님의 나라에 들어가는 다른 길은 없다. 물질적으로 가난하고 무력한 사람들은 이와 더불어 하나님의 자녀로서의 새로운 존엄성과 또한 그들을 억압하는 모든 것으로부터 그들을 해방시키기 위해 함께 노력하는 형제자매들의 사랑도 발견하게 된다.

우리는 성경에 나타난 하나님의 진리를 조금이라도 소홀히 한 것을 회개하며, 그 진리를 변호하며 선포하기로 결의한다. 우리는 또한 가난한 사람들의 곤경에 대하여는 무관심하고 부유한 사람들을 선호해 왔던 것에 대하여 회개하며, 또한 말과 행동으로 모든 사람들에게 복된 소식을 선포하며 예수님을 따를 것을 다짐한다.

엡 22:4, 눅 15; 19:10; 행 8:35; 막 1:14, 15; 고후 5:21; 갈 3:13; 행 2:23, 24; 고후 5:17; 행 2:38, 39; 엡 2:11-19; 계 21:1-5; 22:1-5; 엡 6:19, 20; 딤후 4:2; 롬 1:14-16; 렘 23:28; 빌 1:7; 행 18:4; 19:8-9; 고후 5:11; 벧전 3:15; 눅 4:18; 6:20; 7:22; 신명기 15:7-11; 암 2:6, 7; 슥 7:8-10; 잠 21:13; 습 3:12; 마 5:3; 막 10:15; 요일 3:1; 행 2:44-45; 4:32-35

3. 예수 그리스도의 유일성

우리는 점차 다원화되어 가는 세상에 그리스도를 선포하도록 부름받았다. 세상에는 옛 종교의 재흥도 있고 새로운 종교가 발생하기도 한다. 주후 1세기에도 '많은 신과 많은 주'(고전 8:5)가 있었다. 그러나 사도들은 예수 그리스도의 유일성, 필수성 및 중심성을 담대히 주장했으며, 우리도 그와 같이 행하여야 한다.

남녀를 무론하고 모든 인간은 다 하나님의 형상대로 창조되었고, 피조물 속에서 창조주의 흔적을 볼 수 있기 때문에, 기존의 종교 속에 때때로 진리와 미의 요소들이 포함되어 있기도 하다. 그렇다고 이런 것들이 또 다른 복음일 수는 없다. 인간은 죄악된 존재이며 "온 세상은 악한 자의 지배 아래 있기"(요일 5:19) 때문에,

종교적인 사람일지라도 그리스도의 구속을 받아야 한다. 그러므로 우리는 그리스도 밖에서, 즉 그리스도의 사역을 믿음으로 분명히 받아들이지 않고서 구원받을 수 있다고 도저히 말할 수 없다.

종종 유대인들은 하나님이 아브라함과 언약을 맺었기 때문에, 예수님을 그들의 메시아라고 인정할 필요가 없다고 한다. 그러나 우리는 유대인들도 다른 사람들과 마찬가지로 예수님이 필요하다는 것을 단언한다. "먼저 유대인에게" 복음을 전하라는 신약성경의 모형을 저버리는 것은 그리스도에 대한 불순종일 뿐 아니라, 반유대주의의 한 형태일 수도 있다고 단언한다. 그러므로 우리는, 유대인들이 하나님과 언약을 맺고 있으므로 예수님을 믿을 필요가 없다는 주장을 배격한다.

우리를 연합시키는 것은 예수 그리스도에 대한 우리의 공통된 믿음이다. 우리는 그분이 영원한 하나님의 아들이심을 고백한다. 그는 온전한 신성을 소유하시면서도 온전한 인간으로 오셨으며, 십자가 위에서 우리를 대신해 우리 죄를 지시고 우리의 죽음을 대신하셨고, 자신의 의를 우리의 불의와 바꾸시고, 변화된 몸으로 승리의 부활을 하셨으며, 세상을 심판하시기 위해 영광 중에 다시 오실 것이다. 예수님만이 성육신하신 유일한 하나님의 아들이시요, 구원자시요, 주님이시며 심판자이시다. 그러므로 그분은 성부와 성령과 함께 모든 사람들의 예배와 신앙과 순종의 대상이 되기에 합당한 분이다. 죽음과 부활로 인해 구원의 유일한 길이 되신 분은 오직 한 분 그리스도이기 때문에, 하나의 복음만이 있을 뿐이다. 따라서 우리는 모든 종교와 영성을 다같이 하나님께로 나아가는 유효한 접근 방법으로 간주하는 상대주의와, 그리스도에 대한 신앙과 다른 신앙들을 혼합하려는 혼합주의를 모두 배격한다.

더욱이 하나님은, 예수님을 모든 사람이 인정하도록 지극히 높이셨으며, 우리 역시 그렇게 하기를 열망하신다. 그리스도의 사랑이 우리를 강권하므로, 우리들도 그리스도의 지상 명령에 순종하고, 그의 잃어버린 양들을 사랑해야 한다. 특별히 우리는 그의 거룩한 이름에 대한 '질투'로 인해서도, 그리스도께서 그에게 합당한 영예와 영광을 받게 되기를 갈망한다.

과거 우리는 다른 종교를 신봉하는 사람들에게 무지, 거만, 무례 혹은 대적의 태도를 취하는 잘못을 범해 왔다. 우리는 이에 대해 회개한다. 그럼에도 불구하고 타종교와의 대화를 포함한 모든 형태의 복음 전도에서, 그리스도의 생애나 죽음과 부활에 있어 우리 주님의 유일성을 적극적으로 증거하며 결코 타협하지 않을 것을 다짐한다.

고전 8:5; 시 19:1-6; 롬 1:19, 20; 행 17:28; 요일 5:19; 행 10:1-2; 11:14, 18; 15:8-9; 요 14:6; 창 12:1-3; 17:1, 2; 롬 3:9; 10:12; 행 13:46; 롬 1:16; 2:9, 10; 행 13:38, 39; 요 1:1, 14, 18; 롬 1:3-4; 벧전 2:24; 고전 15:3; 고후 5:21; 고전 15:1-11; 마 25:31, 32; 행 17:30, 31; 계 5:11-14; 행 4:12; 빌 2:9-11; 고후 5:14; 마 28:19, 20; 요 10:11, 16; 고후 11:2, 3, 딤전 2:5-7

4. 복음과 사회적 책임

신빙성 있는 참된 복음은 변화된 성도들의 삶 속에 뚜렷이 나타나야 한다. 우리가 하나님의 사랑을 선포할 때, 우리는 사랑의 봉사에 참여해야 하며 우리가 하나님 나라를 선포할 때, 우리는 정의와 평화에 대한 그 나라의 요청에 헌신적으로 응답해야 한다.

우리의 주된 관심은 복음에 있으며, 모든 사람이 예수 그리스도를 구주로 영접할 기회를 갖도록 하는데 있기 때문에 복음 전도가 우선이다. 예수님도 하나님의 나라를 선포하셨을 뿐만 아니라 하나님의 나라의 도래를 자비와 능력의 역사로 보여 주셨다. 오늘 우리 역시 이와 같이 겸손한 마음으로 말씀을 전파하고 가르치며, 병자를 돌보며 굶주린 자에게 먹을 것을 주고, 갇힌 자들을 살피며, 억울한 자와 장애가 있는 이들을 도와주며, 억압당하는 자들을 구하는 일을 해야 한다. 영적인 은사가 다양하고, 소명과 상황이 다르더라도 복된 소식과 선한 행위는 분리할 수 없음을 단언한다.

하나님 나라에 관한 선포는, 그의 나라에 용납될 수 없는 일에 대해 예언자적인 도전을 하도록 요청한다. 우리가 개탄하는 악은, 제도화된 폭력, 정치적 부패, 사람과 땅에 대한 온갖 형태의 착취, 가정 파괴, 낙태, 마약 유통, 인권 유린과 같은 파괴적인 폭력을 의미한다. 우리는 가난한 자들에게 관심을 가지면서 제3세계에 사는 그 많은 사람들이 부채로 인해 고통당하고 있는 사실을 마음 아파한다. 또한 우리는 우리와 마찬가지로 하나님의 형상을 지니고 있는 수백만의 사람들이 비인간적인 조건 속에서 살고 있다는 사실에 분개한다.

그러나 우리들이 계속해서 사회에 관심을 가지며 그것을 위하여 힘쓴다고 해서, 하나님 나라가 곧 기독교화된 사회를 의미하는 것으로 혼동하는 것은 아니다. 오히려 성경적 복음에는 언제나 사회적 적용이 내포되어 있다는 사실을 인정하는 것이다. 참된 선교는 언제나 성육신적이어야 한다. 참된 선교를 위해서는 겸허하게 그 사람들의 세계에 들어가서 그들의 사회적 현실, 비애와 고통 그리고 압제 세력에 항거하며 정의를 위해 투쟁하는 그들의 노력에 동참할 필요가 있는 것이다. 개인적인 희생 없이는 선교가 이루어질 수 없다.

우리의 관심과 비전이 작아서 사람들의 공적 또는 개인적 삶이나 지역적 또는 보편적 삶의 모든 분야에 있어 예수 그리스도가 주님이 되심을 선포하지 못했던 것을 회개한다. 우리는 "먼저 그 나라와 그 의를 구하라"(마 6:33)라는 예수님의 명령에 순종할 것을 결의한다.

살전 1:6-10; 요일 3:17; 롬 14:17; 롬 10:14; 마 12:28; 요일 3:18; 마 25:34-46; 행 6:1-4; 롬 12:4-8; 마 5:16, 렘 22:1-5; 11-17; 23:5-6; 암 1:1-2, 8; 사 59; 레 25; 욥 24:1-12; 엡 2:8-10; 요 17:18; 20:21; 빌 2:5-8; 행 10:36; 마 6:33

II. 온 교회

온 교회는 온전한 복음을 선포해야 한다. 하나님의 모든 백성은 복음 전도의 과업을 함께 나누도록 부름 받았다. 그러나 하나님의 성령의 역사 없이는 그들의 노력은 결실을 얻지 못할 것이다.

5. 복음 전도자 하나님

성경은 하나님 자신이 복음 전도의 대장이심을 선포한다. 하나님의 영은 진리와 사랑과 거룩과 능력의 영이시며, 복음 전도는 하나님의 역사 없이는 불가능하기 때문이다. 복음 전도자에게 기름을 붓고, 말씀을 확정하고, 듣는 이를 준비시키며, 죄를 책망하고, 눈먼 자에게 빛을 주고, 죽은 자들에게 생명을 주고, 우리로 하여금 회개하고 믿을 수 있게 하며, 우리를 그리스도의 몸에 연합시키며, 우리가 하나님의 자녀임을 확신시키며, 우리를 그리스도와 같은 성품과 섬김으로 인도하고, 우리를 그리스도의 증인으로 내보내는 분은 바로 하나님이시다. 이 모든 일에서 성령이 주로 행하시는 일은, 우리로 하여금 예수 그리스도를 보게 하며 우리 속에 예수 그리스도의 형상이 이루어지게 함으로써 예수 그리스도의 영광을 나타내는 일이다.

모든 복음 전도에는 악의 주관자와 세력에 대항하는 영적 전쟁이 있다. 이 전쟁에서는, 특히 기도와 더불어 말씀과 성령의 영적 무기로만 승리할 수 있다. 그러므로 우리는 모든 그리스도인들이 교회의 갱신과 세계 복음화를 위해 열심히 기도할 것을 호소한다.

진정한 회심에는 언제나 능력 대결이 있으며, 이 대결에서 예수 그리스도의 우월한 권위가 드러난다. 믿는 자는 사탄과 죄, 두려움과 허무 그리고 어두움과 사망의 속박에서 해방되는데, 이보다 더 큰 기적은 없다.

지난 날 예수님이 행하신 기적들은 그가 메시아라는 것을 보여 주며 온 세상이 그에게 굴복하게 되는 그의 완전한 왕국의 도래를 예상케 하는 표적으로서 특별한 것이며, 그것이 과거의 일이라고 해서 오늘도 살아 역사하시는 창조주의 권능을 제한할 수는 없다.

우리는 기사와 이적을 부정하는 회의주의나, 또 그런 것들을 무분별하게 요구하는 무엄함도 모두 배격한다. 그리고 성령의 충만함을 꺼리는 소극성과, 우리가 약할 때 그리스도의 능력이 온전케 되는 것을 반대하는 승리주의도 배격한다.

우리는 자만함으로 우리의 힘으로 전도하려 했던 것과 성령을 지시하려 했던 것을 회개한다. 앞으로 우리는 성령을 근심하게 하지도 않고 소멸하지도 않으며, 이 좋은 소식을 '능력과 성령과 큰 확신으로'(살전 1:5) 전할 것을 다짐한다.

고후 5:20; 요 15:26, 27; 눅 4:18; 고전 2:4; 요 16:8-11; 고전 12:3; 엡 2:5; 고전 12:13; 롬 8:16; 갈 5:22, 23; 행 1:8; 요 16:14; 갈 4:19; 엡 6:10-12; 고후 10:3-5; 엡 6:17; 엡 6:18-20; 살후 3:1; 행 26:17, 18; 살전 1:9-10; 골 1:13, 14; 요 2:11; 20:30, 31; 요 11:25; 고전 15:20-28; 렘 32:17; 딤후 1:7; 고후 12:9, 10; 렘 17:5; 엡 4:30; 살전 5:19; 살전 1:5

6. 증인들

복음 전도자이신 하나님은 그의 백성에게 "하나님과 함께 일하는 자"(고후 6:1)가 되는 특권을 주신다. 하나님 없이는 우리가 복음을 증거할 수 없지만 하나님은 일반적으로 우리를 통해 증거하기를 원하시기 때문에 몇몇 사람들은 복음 전도자, 선교사, 목사가 되도록 부르시면서도 아울러 온 교회와 모든 성도들이 다 증거자가 되도록 부르신다.

특권으로 받은 목사와 교사의 사명은 하나님의 백성(laos)을 성숙한 자로 이끌고(골 1:28) 그들이 사역을 감당할 수 있도록 그들을 양육시키는 일이다(엡 4:11-12). 목회자들은 사역을 독점할 것이 아니라 오히려 다른 사람들로 하여금 그들이 받은 은사를 사용하도록 격려하고, 제자 삼는 일을 할 수 있도록 훈련함으로써, 사역을 증폭시켜야 한다. 성직자가 평신도를 지배하는 것은 교회 역사에 있어서 커다란 악이었다. 이는 하나님이 의도하신 평신도나 성직자의 역할을 제대로 하지 못하게 하고, 또 성직자의 일을 좌절시키고 교회를 약화시켜, 마침내 복음 전파에 방해가 되었다. 무엇보다도 이것은 근본적으로 비성경적이다. 그러므로 여러 세기 동안 '믿는 자 모두의 제사장직'을 주장해 온 우리는 이제 또 믿는 자 모두가 사역자임을 주장한다.

우리는 어린이와 젊은이들이 교회의 예배를 풍요롭게 하고 열심과 믿음으로 전도함을 인해 감사한다. 제자도와 복음 전도에 있어 그들을 훈련하여, 그들로 하여금 자기 세대의 이웃을 전도할 수 있도록 해야 한다.

하나님은 남자나 여자나 모두 동일하게 하나님의 형상을 지닌 자로 창조하셨고(창 1:26-27), 그리스도 안에서 차별이 없이 받아들이시며(갈 3:28), 아들에게나 딸에게나 똑같이 모든 육체에 당신의 성령을 부어 주셨다(행 2:17-18). 그리고 또 성령께서 남자와 같이 여자들에게도 은사를 주시기 때문에, 모두에게 은사를 활용할 기회가 주어져야 한다. 우리는 선교 역사를 통해 여성들이 남긴 찬란한 기록을 찬양한다. 그리고 하나님이 오늘날에도 여성들이 그런 역할을 감당하도록 부르신다고 확신한다. 여성들이 어떤 형태의 지도력을 가져야 할 것인가에 대해서는 여러 이견이 있겠지만, 세계 복음화를 위해서는 여성도 동역자가 되어야 한다는 데에는 모두 동의한다. 이는 하나님이 의도하시는 바이며 남자든 여자든 모두가 적절한 훈련을 받을 수 있어야만 한다.

남녀 평신도에 의한 증거는 지역 교회를 통해서뿐만 아니라(아래 8번 항목을 보라) 가정이나 일터에서의 친교를 통해서도 이루어진다. 가정이 없는 자나 직업이 없는 자도 모두 증인이 되라는 명령을 함께 받은 것이다.

우리의 일차적인 책임은 친구, 친척, 이웃, 동료에게 복음을 증거하는 일이다. 가정에서의 복음 전도는 기혼자에게든 미혼자에게든 자연스럽게 할 수 있다. 기독교 가정은 결혼, 성, 가정에 대한 하나님의 표준을 제시해야 할 뿐 아니라 상처 입은 사람들에게 사랑과 평화의 피난처를 제공해 주어야 하며, 우리의 가정은 복음에 관해 말할 때에도, 교회에 나가지 않으려는 믿지 않는 이웃이 편안함을 느끼는 곳이 되어야 한다.

평신도 전도를 위한 또 하나의 상황은 일터다. 대부분의 그리스도인들이 깨어 있는 시간의 절반을 일터에서 보내기 때문이며, 또한 직업이란 하나님의 소명이기 때문이다. 그리스도인들은 입술의 언어, 일관성 있는 근면, 정직, 신중성, 일터에서의 정의에 대한 관심 및 특히 다른 사람들이 그들이 하는 일의 내용을 보고 그것이 하나님의 영광을 위해 행해지고 있다는 사실을 볼 때 그리스도를 증거할 수 있게 된다.

우리는 평신도 사역, 특히 여성과 젊은이들의 사역에 실망을 준 일에 대해 회개한다. 앞으로는 그리스도를 따르는 모든 사람들이 정당하고 자연스럽게 증인으로서 자기 역할을 하도록 격려할 것을 다짐한다. 참된 복음 전도는 가슴 속에 그리스도의 사랑이 넘쳐날 때 이루어진다. 바로 이런 이유 때문에 복음 전도는 예외 없이 하나님의 모든 백성에게 속한 일이다.

고후 6:1; 행 8:26-39; 14:27; 엡 4:11; 행 13:1-3; 행 1:8; 8:1, 4; 골 1:28; 엡 4:11-12; 마 28:19; 딤후 2:2; 살전 5:12-15; 고전 12:4-7; 엡 4:7; 마 21:15, 16; 딤전 4:12; 창 1:26-27; 갈 3:28; 행 2: 17-18; 벧전 4:10; 롬 16:1-6, 12; 빌 4:2, 3; 막 5, 18-20; 눅 5:27-32; 행 28:30, 31; 행 10:24, 33; 18:7, 8; 24-26; 고전 7:17-24; 딛 2:9, 10; 골 4:1; 골 3:17, 23, 24; 행 4:20

7. 증인의 성실성

변화된 삶보다 복음을 설득력 있게 전하는 것은 아무것도 없으며, 삶이 복음과 불일치하는 것만큼 복음을 비난받게 만드는 것도 없다. 우리는 그리스도의 복음에 합당하게 행동하고, 거룩한 삶으로써 복음의 아름다움을 선양하며 복음을 '빛나게' 해야 한다. 우리를 주시하는 세상 사람들은 그리스도의 제자들이 입으로 고백하는 바를 뒷받침할 만한 증거가 있는지 찾고 있는데 이는 너무도 당연하다. 우리의 성실성이 가장 강한 증거가 된다.

그리스도께서 우리를 하나님께로 인도하기 위해 죽으셨다는 선포는 영적으로 갈급한 사람들에게 호소력이 있다. 그러나 이러한 사람들도 우리 자신이 살아 계신 하나님을 안다는 증거를 제시하지 못할 때, 우리의 공중 예배에 현실성이나 적용성이 결여될 때에는 우리의 증거를 믿지 않을 것이다.

그리스도께서 소외된 자들을 서로 화해시킨다는 우리의 메시지는, 우리가 서로 사랑하고 용서하며 다른 사람들을 겸손히 섬기고, 또한 우리의 공동체를 넘어 어려운 자들에게 희생적인 사랑으로 봉사하는 것을 보게 될 때에야 그들 속에서 역사할 것이다.

다른 사람들에게 자기를 부인하고 자기 십자가를 지고 그리스도를 따르라는 우리의 도전은 우리 자신이 먼저 이기적인 야심, 부정직, 탐욕에 대해 철저히 죽고, 검소하게 자족하면서 관대한 삶을 살 때에야 비로소 타당성이 있게 될 것이다.

우리는 그리스도인 개인의 삶에서나 교회에서 그리스도인다운 언행의 일관성이 없음을 뉘우친다. 즉, 우리들 사이에 있었던 물질적인 탐욕, 직업적인 교만이나 경쟁, 기독교 사역에 있어서의 경쟁, 젊은 지도자들에게 대한 시기, 선교에서의 가부장적인 자세, 상호 책임의 결여, 성에 대한 기독교적 기준의 상실, 인종적·사회적·성적 차별 등에 대하여 개탄하는 바이다. 바로 이 모든 세속적인 것들로 인해 교회가, 세상 문화에 도전해서 그 문화를 변화시키지 못하고, 오히려 오늘의 세상 문화가 교회를 붕괴시키는 것이다. 우리는 개인적으로나 신앙 공동체 안에서 말로는 그리스도를 긍정하지만 행동으로는 그리스도를 부정했던 것에 대해 매우 부끄럽게 생각한다. 우리의 일관성 없는 삶으로 인해 우리의 증거가 신뢰성을 상실하고 있다. 우리에게 계속적인 갈등과 실패가 있다는 사실을 인정하지만, 그럼에도 우리는 하나님의 은혜로 우리 자신과 교회의 성실성을 개발해 나갈 것을 결의한다.

고후 6:3, 4; 빌 1:27; 딛 2:10; 골 4:5, 6; 잠 11:3; 벧전 3:18; 요일 1:5, 6; 고전14:25, 26; 엡 2:14-18; 엡 4:31-5:2; 갈 5:13; 눅 10:29-37; 막 8:34; 마 6:19-21; 31-33; 딤전 6:6-10, 17, 18; 행 5:1-11; 빌 1:15-17; 고전 5:1-13; 약 2:1-4; 1 요 2:15-17, 마 5:13; 마 7:21-23; 요일 2:4; 엡 4:1

8. 지역 교회

모든 기독교 회중은 그리스도의 몸을 나타내는 지역적인 표현이며 동일한 책임을 지고 있다. 회중은 하나님께 예배라는 영적 제사를 드리는 '거룩한 제사장'이며, 또한 복음 전도로 하나님의 덕을 널리 전파하는 '거룩한 나라'다(벧전 2:5-9). 이와 같이 교회는 예배하며 증거하는 공동체요, 모이고 흩어지는 공동체요, 부름받고 보냄받은 공동체다. 예배와 증거는 불가분의 것이다.

지역 교회의 일차적인 책임은 복음을 전하는 것이라고 믿는다. 성경은, "우리 복음이 너희에게 이르고" 그리고 "너희에게로부터 들린다"(살전 1:5, 8)라는 순서로 복음 전파에 대해 언급한다. 이런 식으로 복음은 교회를 세워 복음을 전하게 하고 이 복음은 다시 계속적인 연쇄 반응 속에서 더 많은 교회들을 세우게 한다. 더 나아가 성경이 가르치는 방법이 가장 좋은 전략이라고 믿는다. 각 지역 교회는 자신이 속한 지역을 복음화해야 하며 또한 그렇게 할 자원을 가지고 있다.

우리는 선교에 대한 더 적절한 전략을 수립하기 위해 모든 회중이 개 교회의 교인들이나 프로그램뿐만 아니라 지역 사회의 모든 특성을 정기적으로 연구할 것을 권한다. 이런 사역을 위해 교인들은 그 지역 내의 모든 구석구석을 찾아갈 방문단을 조직해서, 사람들이 모이는 특정 지역에도 침투할 수 있을 것이다. 그리고 일련의 전도 집회, 강좌 또는 연주회를 마련하거나, 지역의 빈민가를 변화시키기 위해 가난한 자들과 함께 일할 수도 있다. 또는 주변 지역이나 이웃 마을에 새로운 교회를 개척할 수도 있을 것이다. 동시에 그리스도인들은 온 세상을 향한 교회의 책임을 잊지 않아야 한다. 선교사를 보내는 교회가 그 교회가 속해 있는 지역을 소홀히 해서는 안 되며, 이웃을 복음화하는 교회가 세계 선교를 소홀히 해서는 안 된다.

이 모든 일에 있어, 각 교회 회중과 교단은 경쟁심을 협동심으로 돌이키도록 노력하면서, 가능한 곳에서 다른 교회 및 교단과 더불어 사역해야 한다. 교회는 또한 여러 선교 기관들과도 더불어 일해야 하는데 특별한 복음 전도, 제자 양육, 사회봉사에 있어서는 관계 기관들과 협력해야 한다. 그러한 기관들은 그리스도의 몸의 지체이며, 가치 있고 전문적인 지식을 가지고 있어 교회에 많은 도움을 줄 수 있기 때문이다.

하나님은 교회가 하나님 나라의 한 표징이 되도록 의도하셨다. 즉, 인간 공동체가 하나님의 의와 평화의 통치 아래 있을 때 어떤 모습일지를 보여 주는 것이다. 복음이 효과적으로 전달되기 위해서는 개인이나 교회에서 복음이 구체적으로 표현되어야 한다. 보이지 않는 하나님은 우리가 서로 사랑하는 것을 통해 오늘 우리에게 자신을 나타내시며(요일 4:12), 특히 작은 모임 안에서 우리가 서로 친교를 나누며 여러 공동체들을 분리시키는 인종 차별, 계층, 성, 연령의 장벽을 초월하게 될 때 자신을 계시하신다.

우리는, 많은 교회들이 내부 지향적이어서 선교보다는 자체 유지를 위해 조직되어 있고 복음 전도를 희생시키면서까지 개 교회 중심 활동에만 몰두하고 있던 것에 대해 깊이 회개한다. 우리는 교회를 갱신하여 주께서 구원받는 사람을 날마다 더하게 하실 때까지(행 2:47) 계속 밖으로 뻗어나가는 일에 전념할 것을 결의한다.

고전 12:27; 벧전 2:5, 9; 요 17:6, 9, 11, 18; 빌 2:14-16; 살전 1:5, 8; 행 19:9, 10; 골 1:3-8; 행 13:1-3; 14:26-28; 빌 1:27; 눅 12:32; 롬 14:17; 살전 1:8-10; 요일 4:12; 요 13:34, 35; 17:21, 23갈 3:28; 골 3:11; 행 2:47

9. 복음 전도의 동반자적 협력

신약성경에는 복음 전도와 연합이 긴밀하게 연관되어 있다. 예수님은 세상이 자신을 믿도록(요 17:20-21) 하기 위해 자신이 성부와 하나 됨같이 하나님의 백성들이 하나 되기를 위하여 기도하셨다. 또 바울도 빌립보 교인들을 권면하며 "한 뜻으로 복음의 신앙을 위하여 협력하라"(빌 1:27)라고 했다. 이런 성경적 비전과는 달리 우리는, 서로 의심하고 대결하며, 비본질적인 것들에 대해 고집을 부리고, 권력 투쟁과 자기 왕국 건설에 힘씀으로 복음 전도 사역을 부패시키고 있음을 부끄럽게 여긴다. 우리는 복음 전도에 있어서 협력이 필수불가결한 것임을 확인한다. 첫째, 그것이 하나님의 뜻일 뿐 아니라 화해의 복음이 우리의 분열로 인해 불신을 받기 때문이며 세계 복음화 과제가 기필코 성취되려면 우리가 이 일에 함께 협력해야만 하기 때문이다.

'협력'이란, 다양성 가운데서 일치성을 찾는 것을 의미한다. 이것은 여러 가지 다른 기질, 은사 그리고 문화, 지역 교회와 선교 단체 남녀노소를 불문하고 모두 함께 일하는 것을 의미한다.

제1세계는 선교사를 파송하는 국가들이며, 제3세계는 선교를 받는 국가들이라고 단순하게 구분하는 분류법은 지난 식민주의 시대의 잔재이며, 그런 분류는 영원히 지나간 것임을 단호히 밝혀둔다. 우리 시대에 있어 새로운 사실은 선교의 세계화이기 때문이다. 지금 복음적인 그리스도인들 대다수가 비서구인일 뿐 아니라 머지않아 제3세계 선교사의 수가 서구 선교사들의 수를 능가할 것이다. 구성에 있어서는 다양하지만, 마음과 정신에 있어 하나 된 선교팀들이 하나님의 은혜를 증거함에 있어서 획기적인 역할을 할 것으로 믿는다.

우리가 '온 교회'라고 말할 때, 우주적·보편적 교회가 복음적인 공동체와 동일하다고 주장하는 것은 아니다. 세계에는 복음주의 운동에 참여하지 않는 많은 교회가 있는 것을 알고 있기 때문이다. 로마 가톨릭과 동방 정교회에 대한 복음주의자들의 태도는 매우 다양하다. 복음주의자들 중 어떤 사람들은 이런 교회들과도 함께 기도하고, 대화하며, 성경 연구를 하고, 함께 일한다. 또 어떤 사람들은 이들과는 어떠한 형태의 대화나 협력도 모두 반대한다. 이런 복음주의자들은 그들과 우리 사이에 심각한 신학적 차이가 있다는 사실을 인식한다. 예를 들어, 성경 번역, 당면한 신학적·윤리적 문제들 그리고 사회사업과 정치적 행동에 대한 연구와 같이, 성경적 진리가 손상되지 않는 적절한 영역에서는 협력이 가능할 수 있을 것이다. 그러나 우리가 함께 전도할 때, 성경적 복음에 대한 같은 태도의 헌신이 요청된다는 것을 명확히 밝힌다.

우리 중 일부는 세계교회협의회(WCC)에 속하는 교회의 성도들로서 그 협의회가 하는 일에 적극적이면서도 비판적으로 참여하는 것이 기독교적인 의무라고 믿고 있다. 또 어떤 이들은 세계교회협의회가 복음 전도에 대해 철저한 성경적 이해를 채택하기를 촉구한다.

세계 복음화에 큰 거침돌이 되는 그리스도의 몸의 분열에 대해서는 우리에게도 책임이 있음을 고백한다. 우리는 그리스도께서 기도하신 대로, 진리 안에서 하나가 되기를 계속 추구하며 나아갈 것을 결의한다. 좀더 긴밀한 협력을 향해 나아가는 바른 길은, 우리와 같은 관심을 가진 모든 사람들과 성경에 기초해서 솔직하게 그리고 인내심을 가지고 대화하는 것이라고 생각한다. 이를 위해 우리는 기쁘게 헌신한다.

요 17:20, 21; 빌 1:27; 빌 1:15, 17; 2:3, 4; 롬 14:1-15:2; 빌 1:3-5; 엡 2:14-16; 4:1-6; 엡 4:6, 7; 행 20:4; 요 17:11, 20-23

III. 온 세상

온전한 복음이 온 세상에 알려지도록 온 교회에 위탁되었다. 그러므로 우리는 우리가 보냄받은 이 세상을 이해할 필요가 있다.

10. 현대 세계

복음 전도는 진공 속에서가 아니라 현실 상황 속에서 이루어진다. 우리는 복음과 상황 사이의 균형을 조심스럽게 유지하여야 한다. 복음을 전하기 위해서는 그 상황을 이해해야 하지만, 그러나 상황이 복음을 왜곡시키게 해서는 안 된다.

이러한 맥락에서, 우리는 과학 기술과 함께 산업화되어 가며, 경제 질서의 변화와 함께 도시화되어 가는 새로운 세계 문화의 출현이라는 '현대성'(modernity)의 영향에 대해 관심을 가지게 되었다. 이러한 요인들이 복합되어 환경을 조성하는데, 그것은 우리가 세상을 바라보는 방식을 형성하게 한다. 더욱이 세속주의는 신앙을 황폐하게 해서 하나님과 초자연적인 사실들을 무의미하게 만들었고, 도시화는 사람들의 삶을 비인간화하였으며, 대중 매체는 말을 영상으로 대체해 진리와 권위의 가치를 하락시키는 데 큰 영향을 미쳤다. 결국 이런 복합적인 요인으로, 현대화의 결과는 많은 사람들이 애써 전하는 메시지를 왜곡시키며, 또 선교에 대한 동기 유발을 저해한다.

1900년에는 세계 인구의 9퍼센트만이 도시에 살고 있었다. 그런데 2000년에는 50퍼센트 이상이 도시에 살게 될 것이다. 세계 각처에서 사람들이 도시로 이주하고 있으며, 이것은 '인류 역사상 가장 큰 이주'라고 불려 왔다. 이런 현상은 기독교 선교에 주요한 도전이 되고 있다. 한편, 도시에는 세계 여러 나라 사람들이 살고 있기 때문에 이제는 여러 민족이 우리의 문턱에까지 와 있는 것이다. 그 안에서 우리는 복음으로 민족의 장벽을 허무는 우주적 교회들을 발전시킬 수 있지 않겠는가? 다른 한편, 많은 도시 주민들은 가난한 이주민들이기 때문에 복음을 잘 받아들인다. 하나님의 백성들이 그와 같은 도시 빈민 공동체 속으로 다시 들어가 그들을 섬기며 도시를 변화시키는 역할을 해야 하지 않겠는가?

현대화는 위험과 함께 축복을 가져오기도 한다. 전 세계를 연결하는 통신망과 교역망을 통해, 전통적 사회든지 전체주의적 사회든지, 현대화는 복음이 미개척지 경계를 넘어 그 닫힌 사회 속에 파고들어 갈 수 있는 전대미문의 문을 열어 놓고 있다. 기독교 매체들은, 복음의 씨앗을 뿌리는 일에나, 토양을 준비하는 일에나, 막강한 영향력을 지니고 있다. 주요 선교 방송국들은 2000년까지는 모든 주요 언어로 라디오를 통해 방송 전도를 할 것을 계획하고 있다.

우리는 현대화의 문제를 이해하기 위해 마땅히 해야 할 만큼 노력하지 않았음을 고백한다. 우리는 현대적 방법과 기술들을 무비판적으로 사용함으로 인해 우리 자신이 세속성에 노출되었다. 그러나 앞으로는 이러한 도전과 기회를 심각하게 다루어, 현대의 세속적 압력에 대항하고, 그리스도의 주 되심을 현대의 모든 문화와도 연관시키며, 현대 사회에서 세속화되지 않으면서, 현대 선교에 매진할 것을 다짐한다.

행 13:14-41; 14:14-17; 17:22-31; 롬 12:1, 2

11. 주후 2000년도와 그 이후의 도전

오늘날 세계 인구는 60억에 육박하고 있다. 전 세계 인구의 3분의 1이 명목상으로는 그리스도를 주로 고백한다. 그리고 나머지 40억 중 절반은 그리스도에 관하여 들었으며, 그 나머지 반은 듣지도 못하고 있다. 이러한 통계에 비추어 우리는 다음의 네 가지

범주의 사람들을 고려함으로써 우리의 복음화 과제를 평가한다.

첫째로, 잠재적인 선교 역군으로 헌신된 사람들이다. 이러한 범주에 속하는 기독교 신자들이 1900년에는 4천만이었는데 오늘날에는 5억으로 늘어났다. 그리고 지금은 다른 어떤 주요한 종교 그룹보다 두 배 이상 빠르게 성장하고 있다.

둘째로, 헌신되지 않은 사람들이 있다. 그들은 그리스도인이라고 스스로 고백한다(그들은 세례를 받고, 교회도 가끔 참석하며, 자신들을 그리스도인이라고 부르기까지 한다). 그러나 이들에게 있어 그리스도에 대한 인격적인 헌신이란 개념은 생소하기만 하다. 이런 사람들은 전 세계의 어느 교회에서나 찾아볼 수 있다. 우리는 이들을 시급히 재복음화해야 한다.

셋째로, 비복음화된(unevangelized) 사람들이 있다. 이들은 복음에 대한 최소한의 지식을 가지고 있지만, 이 복음에 응답할 수 있는 적절한 기회를 만나지 못한 사람들이다. 아마도 그리스도인들이 이웃의 거리, 길, 마을, 촌락에 가면 만나 전도할 수 있는 사람들일 것이다.

넷째로, 미전도된(unreached) 사람들이 있다. 예수님이 주되심을 한 번도 들어 보지 못한 사람이 20억이나 되는데, 이들은 자국의 그리스도인들이 접촉할 수 있는 영역 안에 있지 않다. 사실 약 2,000여 민족들 가운데서는 아직도 활발한 토착 교회 운동이 일어나고 있지 않다. 여기에서 '민족'이란, 서로 유사성(예를 들면, 공통된 문화, 언어, 가정, 직업)을 가진 종족의 사람들이라고 생각하면 된다. 그들에게 다가갈 수 있는 가장 효과적인 복음 전달자는, 이미 그들의 문화에 속하고 그들의 언어를 아는 신자들일 것이다.

그것이 불가능하면, 다른 문화권에 속하는 복음의 사신들이 가야만 하며 이들은 자기의 문화를 떠나, 전도하려는 민족들과 자신을 동일화하여야 할 것이다.

현재 2,000여 개의 큰 민족들 속에 그와 같은 약 12,000여 개의 미전도 종족이 있으며, 그들을 전도한다는 과제는 전혀 불가능한 것이 아니다. 그러나 현재 전체 선교사의 겨우 7퍼센트만이 이 일에 전념하고 있으며, 나머지 93퍼센트는 세계의 절반이 되는 지역, 곧 이미 복음화된 지역에서 일하고 있다. 이와 같은 불균형을 시정하려면 선교 인력을 전략적으로 재배치해야 할 것이다.

위에서 언급한 이 모든 범주의 선교에 있어서 한 가지 방해 요인은, 접근이 불가능하다는 사실이다. 많은 국가들이 그 나라에 기여할 만한 일이 없으면 선교사로 입국하고자 할 때 비자를 발급하지 않는다. 그렇다고 해서 이런 지역들에 절대적으로 접근할 수 없다는 말은 아니다. 우리의 기도는 어떤 휘장도, 문도, 장벽도 뛰어넘을 수 있기 때문이다. 기독교 라디오나 텔레비전, 오디오나 비디오 카세트, 필름이나 책자는 그런 지역에까지도 들어갈 수 있다. 그러므로 바울과 같이 스스로 생계를 꾸려 나가는, 소위 '텐트메이커'는 그렇게 할 수 있다. 그들은 직업을 가지고(예를 들면, 기업인, 대학 교수, 전문 기술인, 어학 교사) 여행하며, 가능한 모든 기회를 이용해 예수 그리스도를 전할 수 있다. 그들은 자신들의 직업상 정당하게 가는 것이기 때문에 속임수를 써서 다른 나라에 들어가는 것이 아니다. 그리스도인들은 그들이 어디에 있든지, 그리스도인의 삶의 모습 그 자체로써 증거가 되기 때문에 전도가 자연스럽게 이루어진다.

우리는 예수님의 죽음과 부활 이후 거의 2000년이 지나도록 아직도 세계 인구의 3분의 2가 예수님을 알지 못하고 있다는 것을 심히 부끄럽게 생각한다. 그러나 한편으로는, 세계에서 가장 가망성이 없어 보이는 곳에서도 하나님의 능력의 역사가 힘 있게 일어나고 있음에 놀라지 않을 수 없다.

이제 주후 2000년은 많은 사람들에게 있어서 도전적인 이정표가 되었다. 2000년 시대의 마지막 십 년 동안 세상을 복음화하는 데 우리 자신을 헌신해야 하지 않겠는가? 날짜에는 마술적인 것이 있을 수 없지만, 이 목표를 달성하기 위해 최선을 다해야 되지 않겠는가? 그리스도께서는 모든 민족에게 복음을 전하라고 명령하신다. 이 과업은 긴급하다. 우리는 기쁨으로 희망을 가지고 그리스도께 순종할 것을 다짐한다.

행 18:1-4; 20:34; 눅 24:45-47

12. 어려운 상황

예수님은 제자들에게 반대를 예상하라고 말씀하셨다. 예수님은 "사람들이 나를 핍박하였은즉 너희도 핍박할 터이요"(요 15:20)라고 말씀하셨다. 예수님은 제자들에게 핍박을 받을 때 기뻐하라고까지 말씀하시며(마 5:12) 열매를 많이 맺으려면 죽어야 한다는 사실(요 12:24)을 상기시켰다.

그리스도인의 고난은 불가피한 것이며, 고난이 열매를 맺을 것이라는 예언은 모든 시대의 진리였고, 우리 시대에도 예외는 아니다. 그동안 수없이 많은 사람들이 순교했다. 오늘날의 상황도 다를 바 없다. 우리는, '글라스노스트'(glasnost)와 '페레스트로이카'(perestroika)가 소비에트 연방과 다른 동구권 국가들에게 완전한 종교적 자유를 가져다주고, 이슬람 국가들과 힌두교 국가들도 복음에 대해 좀더 개방적이 되기를 간절히 소망한다. 우리는 최근 일어난 중국에서의 민주화 운동에 대한 잔혹한 억압에 대해 탄식하며, 그 억압이 그리스도인들에게 더 많은 고난을 가하게 되지 않기를 위해 기도한다. 그러나 전반적으로 볼 때 고대 종교들은 복음에 대한 관용에 있어서 더 인색해지며 추방된 자들을 받아들이지 않는 등, 세계는 복음에 대해 점차 냉혹해져 가는 것 같다.

이러한 상황에서, 우리는 기독교 신자들에 대한 그들의 태도를 재고하는 정부들에 대해 아래의 세 가지 사항을 밝히고자 한다.

첫째로, 그리스도인들은 국가의 안녕을 추구하는 충성스러운 시민이다. 그들은 지도자를 위해 기도하며 세금을 납부한다. 물론 예수님을 주로 고백해 온 사람들이 다른 권력자들을 주라고 부를 수는 없다. 만일 그리스도인에게 그렇게 하라고 명하거나 또는 하나님이 금하시는 것을 행하도록 강요한다면, 그 명령에는 불복할 수밖에 없다. 그러나 그들은 양심적인 시민이다. 그들은 결혼생활과 가정생활을 안정시키며, 그들의 업무에 정직하고 근면하며, 장애인과 곤경에 처한 자들을 돕는 일에 자발적으로 활동함으로써 국가의 안녕에 기여한다. 정의로운 정부는 그리스도인들을 경계할 필요가 전혀 없다.

둘째로, 그리스도인들은 복음 전도에 있어서 비열한 방법을 거부한다. 우리의 신앙의 본성은 우리로 하여금 복음을 다른 사람들과 나누게 하지만, 우리의 방법은 공개적으로 정직하게 복음을 진술하고 그것을 듣는 이가 전적으로 자유롭게 자신의 의사에 따라 결단하게 하는 것이다. 우리는 다른 종교를 가진 사람들에 대해 민감하고자 하며, 그들의 회심을 강요하는 어떤 방법도 거부한다.

셋째로, 그리스도인은 기독교에 대한 자유뿐만 아니라, 진심으로 모든 사람들이 종교의 자유를 갖기를 간절히 바란다. 기독교가 우세한 국가에서는 그리스도인이 앞장서서 다른 소수 종교를 위해 자유를 요청하고 있다. 비기독교 국가의 그리스도인들은, 비슷한 상황에 처한 다른 종교인들을 위한 자유 이상으로 자신들의 자유를 요구하고 있지는 않다. 세계인권선언(the Universal Declaration of Human Rights)에 정의된 바대로, 종교를 '고백하고, 실천하고, 전하는' 자유는 분명히 상호 인정할 수 있는 권리이며 또 마땅히 그래야만 한다.

우리는 예수님을 따르는 사람들이 비열한 방법으로 전도해서 죄를 지었다면, 이에 대해 깊은 유감을 표한다. 우리는 그리스도의 이름이 불명예스럽게 되지 않도록 어떠한 일에도 불필요한 공격을 하지 않기로 다짐한다. 그러나 십자가를 공격한다면 이를 회피할 수 없다. 십자가에 달리신 그리스도를 위해 우리는 하나의 은총으로 고난도 받고 죽을 준비가 되어 있기를 위해 기도한다. 순교는 그리스도께서 특별히 귀중하게 여기겠다고 약속하신 증인 됨의 한 방식이다.

요 15:20; 마 5:12; 요 12:24; 렘 29:7; 딤전 2:1, 2; 롬 13:6, 7; 행 4:19; 5:29; 고후 4:1, 2; 고후 6:3; 고전1:18, 23; 2:2; 빌 1:29; 계 2:13; 6:9-11; 20:4

맺음말: 그리스도께서 오실 때까지 그를 선포하라

제2차 로잔대회의 주제는 "그리스도께서 오실 때까지 그를 선포하라"이다. 물론 우리는 그리스도가 이미 오셨음을 믿는다. 그분은 아우구스투스가 로마의 황제였을 때 이 땅에 오셨다. 그러나 우리가 아는 바, 그분의 약속대로 어느 날 그의 나라를 완성하기 위해 상상할 수 없는 영광 속에 다시 오실 것이다. 우리는 깨어 준비하고 있으라는 명령을 받았다. 이 초림과 재림 사이의 간격은 기독교 선교 활동으로 채워져야 한다. 우리는 복음을 가지고 땅끝까지 가라는 명령을 받았으며, 주님은 그렇게 할 때 이 시대의 종말이 올 것이라고 약속하셨다. 이 두 가지 마지막(곧, 시간과 공간의 우주적 종말)이 동시에 있을 것이다. 그때까지 주님은 우리와 함께 있겠다고 약속하셨다.

그러므로 기독교 선교는 긴급한 과업이다. 우리는 선교를 위한 시간이 얼마나 남아 있는지 모른다. 분명 허비할 시간은 없다. 그리고 우리의 의무를 시급히 수행하기 위해서 우리가 갖추어야 할 것이 있는데, 특히 연합(함께 전도해야 한다)과 희생(복음화를 위한 대가를 알고, 또 치러야 한다)이 필요할 것이다. 로잔에서 우리는 온 세상의 복음화를 위해 함께 기도하고, 계획하고, 일할 것을 언약했다. 마닐라에서 우리는 온 교회가 온 세상에 온전한 복음을 가지고 나아가 하나가 되어 희생적으로 주님이 재림하실 때까지 긴급하게 그리스도를 선포할 것을 선언하는 바이다.

눅 2:1-7; 막 13:26, 27; 막 13:32-37; 행 1:8; 마 24:14; 마 28:20

옮긴이 **최형근**은 서울신학대학교와 연세대학교 연합신학대학원을 졸업하고, 미국 애즈베리 신학대학원에서 선교학을 공부했다(Ph.D.). 현재 서울신학대학교 선교학 교수로 재직 중이다. 국제 로잔 위원회 동아시아 담당 총무를 역임했고 현재 신학 위원으로 활동하고 있다. 또한 선교사 케어센터인 하트스트림 한국센터 공동대표로 있다. 역서로는 「변화하고 있는 선교 가이드북」, 「선교사 멤버케어」(이상 CLC), 「교회 DNA」(IVP) 등이 있다.

감수자 **조종남**은 서울신학교, 숭실대학교, 미국 애즈베리 신학대학원(M.Div.), 에모리 대학교(Ph.D.)를 졸업하였으며, 서울신학대학교 학장을 역임하였다. 로잔 대회(1974) 참가 이후, 로잔 중앙 위원, 신학 분과 위원, 아시아 로잔 위원회 의장, 국제 로잔 위원회 부의장으로 섬겼고, 로잔 언약과 마닐라 선언을 번역하였으며 현재는 한국 로잔 위원회 고문으로 있다.

케이프타운 서약

초판 발행_ 2014년 6월 19일
초판 8쇄_ 2023년 7월 25일

지은이_ 로잔 운동
옮긴이_ 최형근
펴낸이_ 정모세

펴낸곳_ 한국기독학생회출판부
등록번호_ 제2001-000198호(1978.6.1)
주소_ 04031 서울 마포구 동교로 156-10
대표 전화_ (02)337-2257 팩스_ (02)337-2258
영업 전화_ (02)338-2282 팩스_ 080-915-1515
홈페이지_ http://www.ivp.co.kr 이메일_ ivp@ivp.co.kr
ISBN 978-89-328-1292-2

ⓒ 한국기독학생회출판부 2014

책값은 뒤표지에 있습니다.
무단 전재와 복제를 금합니다.